물러서지 않는 힘

◇ 당신은 언제나 옳습니다. 그대의 삶을 응원합니다. – **라의눈 출판그룹**

물러서지 않는 힘

초판 1쇄 | 2016년 4월 15일

지은이 | 이성우
펴낸이 | 설응도
펴낸곳 | 라의눈

편집주간 | 안은주
편집장 | 김지현
기획편집팀장 | 최현숙
기획위원 | 성장현
마케팅 | 김홍석, 최제환
경영지원 | 설효섭
디자인 | Kewpiedoll Design

출판등록 | 2014년 1월 13일(제2014−000011호)
주소 | 서울시 서초중앙로 29길(반포동) 낙강빌딩 2층
전화번호 | 02−466−1283
팩스번호 | 02−466−1301
전자우편 | eyeofrabooks@gmail.com

ISBN : 979-11-86039-51-9 13320

잘못 만들어진 책은 구입처나 본사에서 교환해 드립니다.
책값은 뒤표지에 있습니다.
라의눈에서는 독자 여러분의 소중한 아이디어와 원고 투고를 기다리고 있습니다.

'실패가 아님을 실패로 아는 청춘에게'

물러서지 않는 힘

| 이성우 지음 |

라의눈

· 차 례 ·

Part 01
포기하지 마, 버릇된다

Part 02
크고 안정된 것을 버리고
작고 강한 것을 선택하라!

Part 03
이기는 승부는 너를 성장시키지 않는다

• • • '까칠한 형님'을 개인적으로 알고 지내는 나는 그가 실제로는 까칠하지 않다는 것을 잘 안다. 오히려 그의 글을 읽는 내내 후배 세대들에 대한 사랑을 느낄 수 있었다. 나 역시 그런 후배 중 한 사람으로 '긍정적으로, 그리고 할 수 있다는 희망을 가지고 살아라'라는 그의 말에 큰 도움과 힘을 얻는다. 가진 경험을 나누고 싶어 하는 그의 마음과 삶에 직접적인 도움이 되는 그의 말은 어느 하나 뺄 것이 없다. 나 또한 이성우 대표의 그 마음을 닮기를 바란다. 독자들도 나와 같은 감동을 느끼기를 희망한다. 축복한다.

– 김상현 | 국대떡볶이 대표

• • • 경험지식의 힘!
그 무한함의 증거인 이성우 대표는 이 책에서 어둔 사막에서 잃어버린 길을 찾아야할 처지에 놓인 이 시대의 청년들에게 북극성이 되어 방향을 제시한다. 스스로 걸어온 그 치열하고 당당했던 발자국으로.

– 배양숙 | (사)수요포럼인문의숲 대표

지금부터 다시!

'흙수저' '헬조선'이 면피의 수단이 될 순 없다

청춘의 또 다른 이름은 도전이다. 도전은 청춘만의 '특권'이다. 이때가 아니면 도대체 언제 우리가 감히 도전이라는 것을 할 수 있을까. 나이 좀 더 먹고, 돈 번 다음에? 취업에 성공하고, 더 좋은 직장으로 이직한 다음에? 실패도 일어설 수 있을 때 해라. 다름 아닌 그때가 도전의 적기다. 실패에서도 분명 배운다.

그런데 내가 책이나 강연을 통해 이런 청춘의 도전과 성공에 대해서 이야기를 하면 "말은 참 쉽다"며 콧방귀를 뀌는 사람들이 있다. 본래 도전과 성공의 속성이 그렇다. 누구나 쉽게 이야기하지만 아무나 쉽게 할 수는 없는 것, 그것이 도전이고 성공이다. 도전이 그리 쉬운 일이라면 누구나 쉽게 성공에 도달하겠지만, 어디 그런가? 더구나 모든 도전에는 크든 작든 실패의 경험이 따르게 마련이다. 실패를 두려워하면, 성공은 요원한 일이 되고 만다. 성공이란 실패를 두려워하지 않고 끊임없이 도전하는 자에게 기회의 문을 열어주는 매우 까다로운 녀석이다.

안타깝게도 요즘 청춘들에게는 방황하는, 포기하는, 희망이 없는, 고달픈 등과 같은 부정적인 수식어가 따라 다닌다. 금수저를 물고 태어나지 못한 자신의 처지를 자조적으로 일컫는 '흙수저'와 지옥 같은 한국의 현실에서 벗어나고 싶다는 뜻의 '헬조선'이 현 세태를 대표하는 말로 연일 이슈가 되고 있다. 나는 이런 '말 만들기'가 도전의식의 부재와 노력하지 않는 자신의 나태함을 덮기 위한 수단으로 변질되고 있는 것 같아 안타깝다.

그들에게 묻고 싶다. 성공을 바란다면서 남들이 다 가려고 하는 쉽거나 똑같은 길만 기웃거리고 있는 것은 아닌지, 도전이라는 이름으로 가망성 없는 일이나 허망한 꿈을 좇고 있는 것은 아닌지.

물론 청년 실업문제를 개인의 문제라고 할 수는 없다. 우리 사회의 구조적인 문제가 분명히 존재하고, 그것을 개선하기 위한 노력이 이루어져야 한다. 당연하다. 그렇지만 이 책에서는 힘든 여건 속에서도 부단한 노력으로 개인의 발전을 이룩하고, 나아가 그것이 우리 사회와 국가 발전에도 도움이 될 것이라고 믿는 건실한 청년들에게 개인적으로 도움이 될 만한 이야기를 들려주려 한다. 지금 우리는 진정한 도전의 의미를 다시 한 번 생각해봐야 한다. 해도 안 된다는 패배의식을 딛고 과감한 도전으로 일어설 청춘을 위해서 말이다.

까칠한 형님의 인생 가이드

요즘 부모들은 자녀들의 학업 스케줄 관리는 물론이고 대학과 직장까지 정해주려고 한다. 그러나 부모 뜻대로 되는 자식은 드물뿐더러, 부모의 지나친 간섭이 자녀의 독립성과 도전의식을 망치는 경우도 많다. 학교나 학원의 선생님들은 '미친 스펙' 쌓기의 조력자로 전락했다. 현실이 이렇다 보니 실상 적절한 시기에 꼭 필요한 조언을 해줄 수 있는 사람이 의외로 많지 않다. 먼저 고생도 해보고 뭔가를 이뤄본 선배로서, 나는 청춘들에게 지천에 넘쳐나는 위로니 위안 말고 현실적이고 아픈 직언을 하려 한다.

나는 어렸을 때부터 어려운 가정환경에서 자랐고, 소위 말하는 '지잡대' 출신에, 직장 경력은 중소기업이 전부다. 요즘 말로, 그야말로 '흙수저'의 표본이었다. 그러나 나는 그저 그렇게 살다 죽고 싶지는 않았다. 환경에 굴복하지 않고 스스로의 삶을 개척했다. 스펙보다는 경험을 더 귀한 자산으로 여기며 남다른 열정과 노력을 무기로 나만의 사업 아이템으로 승부했고, 작은 결실을 맺었다.

혹자는 당신이 이룬 성공이 그리 대단하냐고 물을지도 모르겠다. 그것은 성공의 기준을 어디에 두느냐에 따라 달라진다고 생각한다. 나는 내 능력의 범위 안에서 할 수 있는 최선의 노력을 기울였고, 그 노력의 결과로 내가 원하는 것들을 가졌다. 그리고 내가 벌어들인 수익의 범위 안에서 감당할 수 있는 크기의 소비를 즐기면서 만족감을 느끼고 있다. 무엇보다 나는 행복하다. 성공이 무엇인가. 스스로 만족하고 행복하면 그게 성공 아닌가?

그런데 요즘 젊은 친구들을 보면 누가 더 불행한지 성토대회라도 연 것처럼 불만에 가득 차 있는 듯한 모습들이다. 가진 것에 만족할 줄 모르니 항상 불행한 거라고 나는 생각한다. 자신의 그릇보다 더 넘치게 담으려면 그릇을 크기를 키우는 수밖에 없다. 그런데 자신의 능력이나 노력 부족을 탓하지 않고 무조건 남 탓, 세상 탓이다. 나는 그런 청춘들에게 해 주고 싶은 말이 많다. 그중에는 부모나 선생님들이 할 수 없는 얘기들도 있다. 할 수 있지만, 안 하는 것일 수도 있다. 나는 진심으로 청춘들에게 도움이 될 필요한 말들을 허심탄회하게 들려주고 싶다.

어쭙잖은 치유와 위로보다는 독한 충고가 약이 될 때가 있다

최근 TV나 책 등에서 우리 사회의 많은 '멘토'들을 만난다. 다는 아니겠지만 상당수 멘토라는 분들의 주 논조는 '위로'다. 그렇다. 사회, 제도, 국가의 잘못이 크다. 그런데, 그래서? 언제까지 그렇게 남 탓만 하고 어쭙잖은 위로를 위안 삼아 살 것인가? 그 위로가, 위안이 밥 먹여 주나? 취업 시켜주나? 그러고 있는 나부터 바꿔야 하고, 더 노력해야 하는 건 아닐까?

나는 '몸에 좋은 약은 입에 쓰다' '개천에서 용 난다' 등과 같은 이제는 고리타분한 이야기로 치부되는 고전적 가치를 여전히 믿는 편이다. 이런 나를 혹자는 '젊은 꼰대'라고 칭하기도 한다. 요즘 기성세대들을 보면 꼰대라는 말이 두려워 젊은 친구들에게 제대로 된 충고 한 마디 하지 못한다. 그러면서 치유니, 위로니 하는 말로 그들의 환심을 사려고 한다. 사는 게 힘들다 불평하는 젊은 친구들에게 당장은 그런 말들이 힘이 될지도 모르겠다. 하지만 그것은 결코 근본적인 문제 해결 방식이 아니다. "아프지 말고 네가 하고 싶은 대로 해"라고 말할 것이 아니라, 당장은 욕을 먹더라도 이 친구들이 장차 헤쳐 나갈 인생에 진짜 힘이 되고 도움이 되는 이야기를 해주어야 한다. 욕 먹을 각오를 하고 누군가는 꼭 해야 할 말, 나는 지금 그런 말들을 하려 한다. 어렵고 비루한 환경에서 노력의 가치를 믿고 작게나마 성공을 이룬 인생 선배로서 말이다.

확실히 요즘은 노동보다는 소비의 가치가 더 높이 평가받는 시대가 된 것 같다. 그렇다고 하더라도 진정으로 노력하고 땀 흘리며 노동의 가치를 미래의 자산으로 만들어가는 청춘을 욕할 사람이 있을까. 오히려 호감과 존경을 살 일이 아닌가. 자기가 못한다고 어깃장을 부릴 사람이라면 처음부터 상대할 필요도 없다. 남의 인생과 비교하며 인생을 허비하는 사람보다는 올곧게 자신의 길을 갈 마음가짐을 가진 청춘에게 나의 쓴 소리가 도움이 될 것이라 믿는다.

이 책을 읽는 독자들에게 한 가지 당부의 말이 있다. 내가 앞으로 할 이야기들에 기분이 많이 나빠질 수도 있을 것이다. 그래도 웃고 넘어가 주길 바란다. 그게 정신 건강에도 좋다. 나 또한 이 시대의 부조리함과 불완전함으로 인해 고통 받고 있는 많은 청춘들의 아픔과 억울함을 이해하고 있다. 그런 청춘에게 조금이라도 더 나은 내일을 위해 도움이 되고자 이 책을 썼음을 알아주길 바란다.

물 러 서 지
않 는
힘

PART
01

포기하지마,

버릇된다

세상 탓, 남 탓도 습관이다

2016년 현재, 아니 이미 꽤 오래 전부터 우리 사회의 화두는 단연 청년 실업 문제였다. 한국 사회를 규정하는 여러 가지 이슈 중 미래를 이끌어갈 청년들의 당면 문제는 중요할 수밖에 없다. 10년 전부터 한 쪽에서는 청년 세대를 '88만 원 세대'라 규정하며 청년들이 고통받는 현실의 사회 구조적인 문제를 꼬집었고, 또 한 쪽에서는 '아프니까 청춘'이라며 방황하는 젊음에 면죄부를 주었다.

이러한 담론들이 팽배해지면서 어느덧 자신의 게으름과 도전의식

부재를 탓하기보다는 세상 탓, 남 탓하기에 길들여졌다. 그게 편하기 때문이다. 치열하게 자신의 문제점을 찾아 개선하고 힘든 상황을 이겨내기 위해 땀을 흘리기는 어렵지만, 가만히 앉아서 세상의 부조리함을 씹어대는 건 쉽다. 당장은 마음이 편할지도 모른다. 인생이 뜻대로 풀리지 않는 것이 내 탓이 아니라고 생각해버리면 말이다.

그러나 그렇게 세상 탓, 남 탓해봐야 달라지는 건 없다. 그래봤자 자신에게 득될 것이 하나도 없다는 얘기다. 그런 비생산적인 생각을 하면서 계속 청춘을 낭비할 셈인가?

남 탓을 하는 것에도 몇 가지 유형이 있다. 첫째는 노력도 안 하면서 남 탓만 하는 유형이다. 이 경우가 가장 나쁘다. 게으른 자의 자기 변명도 그럴 만해야 들어주는 것이지, 어린 아이의 생떼 같은 투정을 한가하게 들어줄 사람은 많지 않다. 이런 경우에는 사회성도 떨어져서 골방에 틀어박혀 인터넷 기사에 악플이나 다는 키보드 워리어로 전락하기 십상이다. 자신의 발전은 물론이고 세상에도 별 도움이 되지 않는 유형이다.

두 번째는 자신의 노력은 부족하지만 그래도 우리 사회의 구조적 문제점에 대해서 고민하고 참여를 통해 개선해보려는 노력을 보이는 유형이다. 이 경우는 첫 번째 유형에 비하면 훨씬 낫다. 외부 환경을 바꾸어보려는 노력이 자신을 발전시키는 원동력으로 작용할 수 있기 때문이다. 그러나 세상은 개인의 노력만으로 쉽게 바뀌지 않는다. 노력의 결과가 가시적인 성과로 나타나지 않을 때 절망감은 개인의 도전 의지마저 꺾어버리는 부정적인 영향으로 작용할 수 있다.

세 번째는 정말 열심히 노력했는데도 사회의 부조리 때문에 억울하게 당해서 원망할 수밖에 없는 유형이다. 가장 안타까운 경우다. 그 분노가 정당하므로 맞서 싸우거나 혹은 다른 우회 방법을 통해 새롭게 도전해볼 수 있다. 원인이 어디에 있든 실패에 굴복하지 않고 다시 일어설 용기만 있다면 기회와 가능성은 여전히 존재한다.

네 번째는 자신의 발전을 위한 여러 가지 방법을 모색하고 노력하면서 외부적인 요인에 대해서도 냉철하게 분석하고 비판할 줄 아는 유형이다. 기왕에 하는 남 탓, 세상 탓이라면 이런 방식으로 해야 하지 않을까? 개인의 발전 없이 사회의 발전도 없고, 사회의 발전 없이 개인의 발전도 없다. 그런 상호작용의 원리를 이해하고 이를 바탕으로 자신의 삶의 태도를 결정할 줄 아는 성숙한 의식이 필요하다.

어떤 유형이든 개선의 여지는 있다. 여기에 기본이 되는 명제는 바로 '나부터 변해야 세상도 변한다'는 것이다. 세상이 이 모양인데 내가 할 수 있는 일이 없다. 그래서 절망적이고 앞이 깜깜하다. 그러니까 그냥 다 포기한다? 제발 그러지 마라. 사회를 구성하는 개개인이 바뀌면 그 사회 역시 필연적으로 바뀌게 되어 있다. 본인은 요지부동

그대로인데 세상이 개벽천지하기를 바라는가? 차라리 모세의 기적이 한 번 더 일어나기를 바라는 것이 빠를지 모른다.

그렇다면 나를 변화시키기 위해서는 어떻게 해야 할까? 먼저 생각의 습관부터 바꿔야 한다. 많은 성공이론서에서 '습관'의 힘을 강조한다. 나는 여기서 특별히 '사고의 습관'에 대해서 말하고 싶다. 습관이라고 하면 흔히들 반복되는 행동 패턴을 생각한다. 물론 겉으로 보이는 행동양식도 매우 중요하다. 그러나 그전에 먼저 생각하는 방식, 즉 사고부터 제대로 하는 습관을 들여야 한다. 어떤 것을 보고, 느끼고, 지향하는 것, 이 모두가 사고의 틀에서 비롯된다.

몸에 밴 습관을 교정하는 것도 쉽지 않은데, 하물며 사고의 틀을 교정하는 일은 더욱 힘들다. 따라서 인생을 성공적으로 산 사람들의 이야기들을 참고하여 수시로 사고의 틀을 수정하는 과정을 거쳐야 한다. 그런 사람들을 직접 만날 기회가 없다면, 책이나 동영상 자료들을 활용하는 것도 좋은 방법이다. 단, 그들이 주입하는 사고가 매사 부정적이거나 혹은 반대로 허황될 만큼 희망론을 설파하는 경우는 피하는 것이 좋다. 좋은 사고의 습관을 들이는 데 오히려 방해가 되기 때문이다.

대수롭지 않을지 모르지만 습관의 힘은 무섭다. 남 탓이 습관이 되어버리면 매사가 다 그런 식으로 돌아간다. 자신이 한 행동의 주체는 분명 자신이다. 결과가 좋든 나쁘든, 남이나 세상의 잘못이 개입되었든 개입되지 않았든 간에 결국 그 결과를 고스란히 떠안을 사람도 자신이다. 그런데 매사에 남 탓하는 것이 습관이 되어버리면 나중엔 행동의 주체가 누구인지도 망각하게 된다. 본인의 의지로 이루어지는 행위를 어디까지 부정할 생각인가. 그런 사람들은 자기의 의지로 할 수 있는 게 아무것도 없는 한심한 허수아비에 불과하다.

'생각한 대로 살지 않으면 사는 대로 생각하게 된다'는 말이 있다. 생각의 실천을 강조한 말이다. 아무리 그럴싸한 계획을 가지고 있더라고 생각만 하고 그것을 실천하지 못하면 소용이 없다. 그런데 애초에 생각 자체가 글러 먹었다면 그것도 문제다. 생각의 갈래는 우리들 삶의 다양한 모습만큼이나 수많은 방향으로 뻗어 있다. 그중에서 우리의 삶을 행복으로 이끌어줄 밝고 긍정적인 생각의 힘이 필요하다.

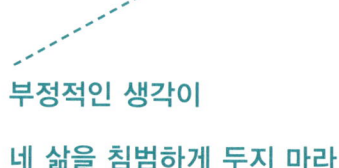

부정적인 생각이
네 삶을 침범하게 두지 마라

인생에서 20, 30대가 중요한 이유는 가장 왕성하게 자신이 할 일을 찾고, 또 그 일을 통해 인생의 방향을 정할 수 있는 시기이기 때문이다. 따라서 그 시기를 어떻게 보내느냐는 이후의 삶의 질을 좌우하는 매우 중요한 지표가 된다. 물론 더 나이가 들어서도 새로운 일에 도전하고 인생의 방향을 수정할 수는 있다. 그러나 아무래도 여러 가지 제약이 따르기 마련이다. 슬프지만 사람은 나이가 들수록 체력은 물론이고 총기도 떨어진다. 또 쉽게 도전하기 힘든 장애물들이 하나둘 더 늘어나게 되어 있다. 삶의 두께만큼 지혜는 늘어날지 몰라도 실행력은 그만큼 떨어지게 마련이다.

이런 저런 여건에 얽매이지 않고 맘껏 자신의 능력을 실험해 볼 시기인 청년기! 돈 주고도 못 살 축복받은 이 시기를 부정적인 생각과 태도로 주어진 시간을 낭비하고 있는 것이 안타깝다.

흙수저? 헬조선? 생각을 지배하는 말의 함정

청년들과 함께 토론할 이슈를 준비하면서 요즘 청년들이 어떤 생각을 가지고 살아가는지 직접 만나 이야기를 들어보기도 하는 등 나름대로 연구를 해보았다. 그 과정에서 '흙수저'니, '헬조선'이니 하는 신조어들을 접하고 씁쓸함을 감출 수 없었다. 기왕에 말이 나왔으니 단어의 속뜻과 문제점에 대해서 짚고 넘어가자.

흙수저라는 말의 등장은 부유한 가정에서 태어난 것을 빗대어 '금수저를 물고 태어났다'고 하는 것에서 시작되었다. 자신의 처지를 비관하면서 남과 비교하다 보니 금수저를 물고 태어나지 못한 자신의 상황을 흙수저로 비유한 것이다. 그러면서 항간에는 이른바 '수저 계급론'이라는 것이 등장했다.

대략 정리를 하자면 이렇다. 자산이 20억 원 이상이거나 가구 연 수입이 2억 원 이상이면 '금수저', 자산이 10억 원 이상이거나 가구 연 수입이 1억 원 이상이면 '은수저', 자산이 5억 원 이상이거나 가구 연 수입이 5,500만 원 이상이면 '동수저', 그리고 자산이 5,000만 원 미만이거나 가구 연 수입이 2,000만 원 미만이면 '흙수저'라는 것이다. 구체적인 숫자까지 있으니 뭔가 그럴싸해 보인다. 이를 두고 현실을 반영한 우리 시대의 자화상이라고 말하는 사람들도 있고, 부모님의 경제적 능력을 수저에 비유한 것이 불쾌하다는 반응 등 의견도 다양하다.

물론 가벼운 말장난 정도로 여길 수도 있을 것이다. 내가 학교 다닐 때도 '대학 졸업할 때 직장과 애인 둘 다 있으면 금메달, 직장만 있으면 은메달, 애인만 있으면 동메달, 둘 다 없으면 목메달' 하는 식의 말장난이 유행하기도 했으니까. 문제는 이런 말이 그냥 재미로 끝나는 것이 아니라, 구성원 사이에 위화감을 조성하고 서로를 향해 무조건적인 비난과 비하의 화살을 쏘는 방식으로 소비되고 있다는 점이다.

앞서 말한 것처럼 자신의 처지를 비관하면서 남 탓을 하는 것은 쉽다. 그러나 나는 가난한 집 자식으로 태어났으니 뭐든 어려운 것이고, 너는 부잣집에서 태어났으니 뭐든 쉬운 것 아니냐고 따지는 게 과연 생산적인 일인가? 아니면 부모님에게 왜 이리 능력이 없냐고 불평하는 것이 옳은 태도일까? 부자로 태어나고 싶다고 그렇게 될 수 있는 일이 아니지 않나. 그것은 인간의 의지로는 어쩔 수 없는 일이다. 그러나 자신이 태어난 환경에서 어떤 식으로 살아갈 것인가는 본인의 의지에 달려있다. 소위 금수저를 물고 태어났어도 '개차반'처럼 살다가 부모에게 물려받은 재산을 다 탕진할 수도 있고, 비록 가난한 집에 태어났어도 자신의 노력으로 성공하여 집안을 일으키는 사람도 여전히 존재한다.

금수저, 흙수저 논란에서 내가 가장 불만인 점은 많은 사람들이 부모의 경쟁력이 나의 경쟁력이라고 착각한다는 것이다. 물론 돈 많고 능력 있는 부모가 있으면 여러 가지로 유리한 조건에서 시작할 수 있다. 출발선부터가 다른데 어떻게 공정한 게임이 되겠냐는 불평이 터져 나올 만도 하다. 그런데 미안하지만, 원래 세상은 불공평한 곳이다. 불공평한 세상에서 자신의 능력을 최대한 발휘해 성공하는 것, 그것이 경쟁력이다. 다행인 점은 출발선은 다르지만, 결승점 또한 다 다르다는 것이다. 인생이라는 경기장에서 누군가는 단거리를, 누군가는 장거리를 뛴다. 자신의 체력과 적성에 맞게 경기를 고르면 된다. 그러니 뛰어보기도 전에 자신의 처지를 너무 비관하지도, 내 것도 아닌 남이 가진 것을 부러워도 마라.

나는 항상 '역지사지 易地思之'를 강조하곤 한다. 상대방의 입장에서 생각해보라는 것이다. 우리는 부자들이 너무 많이 가지고 있고, 또한 그것을 자식에게 물려주려고 하는 과정에서 나의 기회마저 빼앗아간다고 생각한다. 물론, 맞는 말이다. 어느 정도는 말이다. 그런데 반대로 내가 그 입장이었다면 어땠을까 생각해보라. 부자라고 당장 눈앞에 돈 벌 기회가 있는데 마다하겠는가? 그리고 힘들게 번 재산을 자식에게 물려주고 싶지 않겠는가? 부자라고 노력 없이 그 많은 것을 이룩한 게 아니다. 오히려 자신의 것을 지키고 더 큰 부를 얻기 위해 남들보다 2배, 3배 더 열심히 일하는 부자들이 많다. 그런데 무조건 왜 그들을 욕하는가?

사회적, 경제적으로 성공한 사람들을 만나보면 안 그런 사람들도 있겠지만 대부분은 배울 만한 점들이 있었다. 그들은 대체로 직업의식도 투철하고, 무엇보다 자기계발을 게을리 하지 않았다. 돈을 버는 것도 어렵지만 사실 지키는 게 더 어렵다는 것을 그들은 누구보다 잘 알고 있었다. 그런 그들의 노력이 왜 마냥 비난받아야 하는지 모르겠다. 반면에 우리 사회에는 가진 것도 없으면서 노력도 안하는 사람도 많다. 성공을 하지 못하는 이유도 가지가지 많지만 흙수저라서 할 수 있는 게 없다는 비겁한 변명은 하지 않았으면 좋겠다. 할 수 있는 일이 왜 없나. 남보다 조건이 나쁘다면 그만큼 더 고생할 각오를 하면 된다. 그런데 고생은 하기 싫고, 성공한 사람은 부럽고. 어쩌란 말인가. 그러니 사는 게 재미없고 불평불만만 쌓이는 것이다. 나는 이제부터라도 자신을 흙수저라는 말로 비하하는 일부터 당장 그만두었으면 좋겠다.

'헬조선'이라는 말도 그렇다. 지옥이라는 의미의 '헬hell'과 한국을 뜻하는 '조선朝鮮'의 합성어로 지옥과도 같은 한국의 현실을 빗댄 말이다. 최근 몇 년간 이어진 경제 불황과 국민의 안전을 위협했던 대형 사고들로 피폐해진 국민 정서가 이러한 신조어를 만들어냈다. 일부 커뮤니티에서 자조적인 뉘앙스로 시작된 말장난이 언론에 퍼지면서 하루가 멀다 하고 이와 관련한 기사들이 쏟아져 나왔다.

기사의 내용들을 보면 이 지옥과 같은 현실을 벗어나고자 하는 사람들의 이른바 '탈脫조선'에 관한 이야기들이 많다. 희망이 없는 이 나라를 떠나 해외에서 새 삶을 살아보겠다는 것이다. 차라리 이런 식의 액션을 취하는 것은 그래도 칭찬할 만하다. 자신의 삶을 위해 능동적으로 무언가를 해보겠다는 시도가 필요한 시점이기 때문이다. 그러나 실제로 이러한 계획을 실천에 옮기는 사람은 많지 않다. 그저 입버릇처럼 "이 놈의 나라 더럽고 치사해서 뜨던지 해야지"라고 내뱉을

뿐이다. 기왕에 그런 식으로 불평할 것이라면, 한 번 진짜로 밖으로 나가서 다른 나라는 어떤지 직접 경험해봤으면 좋겠다. 막연하게 우리보다는 저들이 낫겠지 생각만 하지 말고, 직접 가서 그들이 우리보다 나은 게 뭔지 경험해보고 나면 생각이 달라질지 모른다.

대한민국이라는 나라가 워낙 땅덩어리도 좁은 데다 많은 인구가 밀집해서 살다 보니, 아웅다웅 경쟁도 심하고 큰 사고가 터지면 그만큼 내상도 크다. 그러니 우리끼리라도 더 잘 보듬고 서로 도와 힘든 시절을 함께 버티고 헤쳐 나가야 할 텐데, 힘들다고 우리가 사는 곳을 쉽게 지옥이라 명명해버리면 열심히 살려는 사람들의 의지까지도 꺾어버리는 짓이다. 지옥 불 속에서 아등바등 거려봤자 무슨 소용 있나 싶어지는 것이다.

절망하는 순간, 포기가 찾아온다

말의 힘은 생각보다 무섭다. 정말 현실이 지옥 같아서 지옥이라고 말하는 경우도 있겠지만 그저 남들이 그러니까, 습관처럼 지옥이라고 말하면 정말 현실이 지옥처럼 느껴진다. 헬조선에 사는 흙수저라면 정말 최악이지 않겠나? 하지만 당신이 그런 말장난에 놀아나지 않고 좀 더 건실하게 미래를 계획하고 도전한다면 새로운 희망의 싹을 다시 틔울 수 있다. 희망이 없다고 포기하기 전에 내가 지금 포기하는 이유가 과연 합당한지 스스로에게 한 번쯤 더 다그쳐 물어보길 바란다.

성공의 기준부터 다시 세워라

"성공하고 싶습니다!"

내가 강연에서 가장 많이 듣는 청년들의 희망 중 하나다. 성공? 좋다. 그런데 여러분이 생각하는, 그 하고 싶다는 성공은 과연 무엇인가?

사람이 사는 모습이 다양하니, 성공도 그만큼 다양해야 할 것이다. 그러나 실상은 그렇지 않다. 많은 사람들이 졸업 후 좋은 회사에 들어가서 안정적으로 살고 싶다고 말하고, 그게 성공의 제1조건이라고 생각한다. 그들이 말하는 좋은 회사는 대기업이나 공기업이고, 안정적이라는 것은 정규직을 의미할 것이다. 그런데 과연 이것이 성공이라고 말할 수 있을까? 성공의 의미를 개인적인 만족에 놓고 보면 그럴 수 있다. 하지만 이러한 성공의 기준이 과연 시대의 흐름과 맞는 것인지는 한 번쯤 되짚어 볼 필요가 있다.

우선 내 입장에서 대기업이나 공기업이 좋은 회사의 기준이 될 수 없는 이유는 이렇다. 나는 대학 졸업 후 대기업이 아닌 중소기업에 들어간 것을 다행이라고 생각한다. 지방대 출신이라 대기업에 이력서를 넣었어도 서류 전형에서 떨어졌겠지만, 돌이켜 보면 덕분에 중소기업에 들어가 남들은 대기업을 10년 동안 다녀도 못 배울 것을 2년이라는 짧은 기간에 배워서 내 사업을 시작할 수 있었기 때문이다.

대기업은 말 그대로 큰 기업이다. 그렇다 보니 각 부서별로 업무 분담이 확실하다. 자기 담당 분야 외에 이 업이 어떻게 굴러가는지 잘 모르는 경우가 태반이다. 1년이 지나도 10년이 지나도 하는 일에 큰 차이가 없다. 그렇게 오랫동안 한 가지 일을 하면 그 분야에서는 꽤 일을 잘하게 되지만, 당장 퇴사를 하고 나면 내가 모은 적은 돈으로 지금까지 일해 왔던 관련 분야에서 쉽게 창업할 수가 없다. 힘들게 들어간 대기업이니 거기서 뼈를 묻을 것 같을 것이다. 그러나 우리나라 대기업 평균 근속 년수는 7~8년 정도밖에 안 된다. 채 10년도 못 채우고 나와서 뒤늦게 창업에 뛰어들지만 사업은 다르다. 자신이 오너가 되면 한 분야만 알아서는 제대로 사업체를 끌고 나갈 수가 없다. 운 좋게 계속 회사에 남아 임원까지 간다고 치자. 어쩌면 대기업에 다니는 평범한 사람들이 꿈꾸는 최종 목적지가 바로 거기인지도 모르겠다. 그런데 임원을 달면 그 순간부터 비정규직이 되어 회사와 1~2년에 한 번씩 계약을 한다. 비정규직이 싫어서 정규직이 되겠다고 힘들게 스펙 쌓으면서 공부하고 취직했는데 결국 도달하는 곳이 비정규직인 셈이다. 여러분이 생각하는 성공의 기준이 우스워지는 순간이다.

중소기업과 대기업의 연봉이나 복지의 차이를 이야기할 수도 있겠다. 그런데 그 차이가 성공이냐 아니냐를 판가름할 정도로 크게 의미 있는 것일까? 중소기업과 대기업의 평균 연봉이 약 1천만 원 정도 차이가 난다고 치자. 이걸 10년을 놓고 보면 1억 원이 차이 난다. 1억이라는 돈이 크다면 클 수도 있지만, 연 매출 100억 원대를 주무르는 사업가의 입장에서는 그리 큰돈이라고 할 수도 없다. 그러니까 직장 생활을 하면서 10년 동안 1억의 연봉을 더 받았다고 해서 그것을 절대적인 성공의 기준으로 볼 수 없다는 얘기다.

대기업맨의 자부심? 그것도 얼마나 우울 안 개구리 식 생각인지 외국에 나가보면 알 수 있다. 언젠가 내가 기회가 있어서 국내 최고 그룹이라 불리는 대기업에 다니는 친구 한 명과 홍콩에 동행한 적이 있었다. 이 친구는 자기 회사에 대한 자부심이 어찌나 대단한지, 사원증 하나면 어디든 통과라고 생각하는 듯했다. 모르긴 몰라도 회사에서 그렇게 교육을 시키는 모양이다. 전 세계 어디를 가도 ○○라면 인정해주니까 자부심을 가지라고 말이다. 웃기는 소리다. 전 세계에 ○○보다 대단한 기업이 100개도 넘는다. 그리고 회사가 대단하면 직원도 대단한가? 실제로 이 친구가 홍콩의 어마어마한 쇼핑몰과 은행에 가서는 기가 죽어서 말 한마디 못하는 것을 보았다. 사실 멀리 갈 것도 없다. 당장 은행에 가봐라. 대기업 사원증 내밀면서 "나 ○○ 직원인데 얼마얼마 빌려주세요." 하면 빌려주나? 말도 안 되는 소리다. 저 뒤에 가서 기다리라고 한다. 그리고 겨우 차례가 와도 증빙서류 이거 가져와라, 저거 가져와라 여간 까다로운 게 아니다. 그런데 알차게 작은 사업하는 사람들은 대부분 은행에 가면 VIP다. 그러니 내 입장에서 ○○맨이라고 목에 힘주고 다니는 사람들을 보면 얼마나 답답하고 안타깝겠는가.

성공의 기준을 어디에 두느냐는 인생을 행복하게 꾸려나가는 데 있어 중요한 지표가 된다. 자신의 능력이나 재능을 고려하지 않고 성공의 기준을 훌쩍 높게 잡아버리면 평생을 그 목표에 도달하지 못한 채 패배와 좌절감을 맛보게 될 것이다. 그렇지만 성공의 기준을 편견의 좁은 틀에 가두어두는 것도 위험하다. 시야를 넓혀 다양한 삶의 형태를 관찰하고 그 속에서 나만의 기준을 찾아가는 것이야말로 청춘들이 먼저 해야 할 일이 아닌가 생각한다.

대학을 졸업할 때 나의 스펙이라고는 지방대 졸업장과 900점대의 토익 점수가 전부였다. 나는 처음부터 대기업이 아닌 중소기업에 지원을 했고, 나의 능력을 인정해주는 회사에 들어가 일을 배웠다. 회사 생활이 순탄했던 것만은 아니다. 그 회사들이 내게 보여주는 비전이 크게 매력적이지 않았던 것도 사실이다. 결정적으로 나는 처음부터 누구 밑에서 시키는 일만 하는 유형의 인간이 결코 아니었다. 그것이 내가 좀 더 일찍 창업에 뛰어든 이유였다. 창업 후 고생도 했고 좌절과 실패를 경험하기도 했다. 그래도 그런 경험들이 자산이 되어 지금의 나를 만들었다.

나는 내 나름대로는 성공했다고 생각하는데, 그것이 돈을 엄청 많이 벌었다거나 사회적으로 높은 위치에 가 있다거나 해서가 아니다. 스스로 내 삶에 만족하고 있고 행복하다고 느끼기 때문에 성공이라고 생각한다. 그러니까 내 성공의 기준은 바로 '만족'이고 '행복'이다. 과거의 나는 경제적으로 어려운 가정 형편 때문에 힘들게 아르바이트를 하면서 겨우 학교를 다녔다. 그러다 보니 먹고, 입고, 놀고 싶은 모든 것들을 마음껏 누릴 수 없었다. 그런데 지금은 먹고 싶은 것, 입고 싶은 것, 놀고 싶은 것을 어느 정도는 누리면서 산다. 내가 번 돈으로 내가 감당할 수 있는 범위 안에서 소비하는 것은 즐거운 일이다. 이것이 '만족'이고 '행복'이 아닐까? 만약 내가 번 것보다 과소비하면서 뒷감당도 제대로 못한다면 그것은 '허영'이고 '자기기만'이다. 그런 단어들은 결코 '성공'이라는 말과는 어울리지 않는다.

예를 들어, 똑같이 20억 자산을 보유한 사람이 있다고 치자. 한 사람은 매달 1천만 원씩 쓰고, 다른 한 사람은 매달 300만 원씩 지출한다. 어느 쪽이 더 행복할까? 그 큰돈이 있으면 어느 쪽이라도 행복할 것이라고 할지 모르지만, 같은 돈이라도 모두에게 똑같은 가치를 지니는 것은 아니다. 후자의 경우에는 20억이면 평생을 쓰고도 남을 돈이기 때문에 그 정도라면 더 돈을 벌지 않아도 행복한 생활을 할 수 있다. 그런데 전자의 경우라면 쓰는 돈의 규모가 있으니까 어떻게든 그것보다 더 많은 돈을 벌고 싶어 할 것이다. 그런데 그게 마음대로 안 되면 왠지 불안하고, 돈은 돈대로 쓰면서도 자신이 불행하다고 느끼게 된다.

중국의 억만장자로 알려진 알리바바의 마윈馬雲은 얼마 전 한 TV 프로그램에 출연해 "91위안(한화로 1만 6천 원 정도)의 월급을 받고 교사로 일할 때가 가장 행복했다"라는 말을 했다. 그때는 자신이 사고 싶은 자전거 한 대를 사기 위해 몇 달 동안 착실히 돈을 모으는 것이 행복이었는데, 수조원 대의 자산가가 된 지금은 그런 욕망이 없다는 것이다. 행복의 기준이 결코 '돈'에 있지 않음을 그의 말을 통해 간접적으로 알 수 있다. 그러면서 그는 만약 자신의 돈과 청춘을 맞바꿀 수 있다면 그렇게 하겠다고 말하기도 했다. 돈보다도 청춘의 도전과 가능성에 더 높은 가치를 두고 있다는 뜻이다.

　마윈에 대해서 좀 더 이야기하자면, 그는 전직 영어 교사 출신으로 영어 말고는 특별히 내세울 만한 스펙도 없던 사람이었다. 그런 그가 중국 최대의 전자상거래 업체인 알리바바의 CEO가 된 스토리는 시사하는 바가 크다. 그는 1995년 차이나옐로우페이지中国黄页라는 중국 최초의 인터넷 회사를 세운 사람이기도 하다. 이 회사는 실패했다. 당시 중국에는 인터넷이라는 개념이 전무했기 때문에 그의 사업모델은 생소한 것이었고, 심지어 그를 사기꾼 취급하는 사람도 있었다고 한다. 그러나 이후 야후의 창업자인 제리 양으로부터 스카우트 제의를 받는 등 기획력을 인정받았다. 자기 사업에 대한 꿈이 있었던 마윈은 스카우트 제의를 거절하고 알리바바를 창립했다. 알리바바의 첫 시작은 기업 간 거래를 중개하는 인터넷 B2B 사업이었다. 그러다 제리 양의 소개로 만난 일본 소프트뱅크 손정의 사장으로부터 2,000만 달러라는 거액을 투자 받게 되었다. 당시 마윈이 손정의 사장에게 투자 결정을 얻어내기까지 단 6분밖에 걸리지 않았다는 일화는 유명하다. 이어 인터넷 쇼핑몰 타오바오를 설립하고 결제 시스템인 알리페이를 만들면서 알리바바는 중국 내수 시장을 발판으로 세계적으로 주목받는 거대 그룹으로 성장했다.

마윈과 같이 크게 성공한 사람은 확실히 남들과는 다른 구석이 있다. 만약 그가 야후라는 명성에 혹해서 스카우트 제의를 받아들였다면, 그는 그저 일 잘하는 기업 임원 정도에 그쳤을 것이다. 기회가 된다면 마윈이 젊은 예비 창업자들을 위해 강연한 자료도 찾아보길 바란다. 스펙을 쌓아 대기업이나 공기업에 들어가는 것을 성공의 기준으로 삼고 있는 자신의 그릇이 얼마나 작은지 알게 될 것이다.

당신이 생각하는
'성공'은 무엇인가?

누구나 마윈처럼 연 매출 천억 달러가 넘는 사업가가 될 수는 없다. 그러나 대기업이나 공기업의 안정성만을 성공의 기준으로 삼고 있는 사람들에게 새로운 성공의 기준을 제시한다는 점에서 의미가 있다고 생각한다. 참신한 아이디어와 도전 정신으로 무장하면 스펙과 상관없이 창업이라는 새 길을 열 수도 있다는 점을 그를 통해 배울 수 있다. 그리고 무엇보다도 그의 마인드가 귀감이 된다. 마윈이 단지 돈만 보고 당장 눈앞에 보이는 이익만 추구했다면 과연 지금의 그가 있었을지 생각해볼 일이다. 성공에 대한 의지와 탐욕은 다르다. 이 둘을 구분할 수 있다면 성공의 기준도 좀 더 명확해질 것이다. 그러기 위해서는 끊임없이 자기 자신을 돌아보고 수련하는 과정 또한 필요하다.

성공을 위해 도전하고 싶은가? 그렇다면 우선 자신의 성공 기준부터 다시 점검하고 바로 잡아라.

용은 개천에서 난다!

이쯤에서, 그렇다면 너는 어떻게 살아왔느냐고 궁금해할 분들이 있을 것 같아서 내 이야기를 좀 풀어볼까 한다. 요즘은 '개천에서 용 난다'는 말을 비틀어서 '개천에서 용 안 난다' '개천에서 난 용 다시 개천으로 돌아간다'라고 말하는 모양이다. 어려운 가정환경에서 자란 사람은 성공하기 힘들다는 이야기를 빗대어 하는 말이다. 이 역시 앞서 설명한 흙수저론과 다를 바 없는 태도다. 정말 요즘 세상에는 개천에서 용 나는 일이 불가능한 것일까? 힘들긴 하지만, 여전히 가능한 일이다. 실제 사례를 찾는 일도 그리 어렵지 않다. 엄연히 존재하는 사례는 외면한 채 실패하고 절망스러운 상황만을 들이대는 이유를 나는 통 모르겠다.

이미 말했다시피, 말장난하기 좋아하는 사람들의 기준에 따르면 나 역시 흙수저였다. '찢어지게 가난하다'는 말을 쓸 수 있을 정도의 어려운 집안 형편 속에 고등학교와 대학교 시절을 보냈다. 중학교 때까지는 우리 집도 그런 대로 살만했던 것 같다. 그런데 중3 때 아버지 사업이 실패하면서 온 가족이 뿔뿔이 흩어져 살게 되었다. 그런 상황이니 인문계 고등학교 진학은 꿈도 꿀 수 없었다.

공업고등학교에 진학한 후 나는 혼자 자취를 하면서 학교를 다녔다. 동생들도 고모님 댁에 맡겨진 상태였고, 부모님께 생활비를 타서 쓸 형편도 못되었다. 자취라고 하지만 제대로 된 방 하나 얻지 못하고 아버지 친구가 이발소를 하다가 그만두고 비워놓은 가게에서 가구도 하나 없이 낡은 침대 하나 놓고 잤다. 겨우 비바람만 피할 뿐 노숙이나 다를 바 없었다. 아버지는 형편이 좋아지면 방을 얻어주겠다고 했지만, 당장 끼니 걱정을 해야 할 마당에 방까지 구해달라고 떼를 쓸 수도 없었다. 가끔씩 아버지가 찾아와 용돈을 조금씩 주고 가셨는데 그걸로는 하루 한 끼도 제대로 챙겨먹기 힘들었다. 학교 친구들이 점심시간에 도시락 뚜껑에 밥을 조금씩 덜어주면 그걸로 주린 배를 채우곤 했다.

이런 나를 문학 선생님이 불쌍히 봐 주시고, 아무리 형편이 어려워도 졸업은 해야 하지 않겠냐고 격려해주셨다. 그리고 나를 교회로 인도해주셨다. 그때부터 나는 신앙을 갖게 되었고 힘들 때마다 기도를 하면서 마음을 다잡곤 했다.

다행히 고등학교 2학년 때부터는 아버지의 형편이 좀 나아져서 학교 가까이서 하숙을 할 수 있었다. 환경이 좀 나아져 그때부터는 진짜 마음잡고 공부를 시작했다. 사실 1학년 때까지만 해도 학업에 거의 손을 놓고 있다시피 해서 성적이 바닥이었다. 공부를 못하니까 학교 선생님이나 친구들이 나를 무시하는 것 같았다. 그게 싫어서 공부를 해야겠다고 생각했다. 가진 것도 없는데 공부라도 잘해야 사람들한테 덜 무시당할 것 같았다. 다행히도 마음잡고 공부를 하니 성적이 금방 올랐다. 그러자 주변에서 나를 대하는 태도가 달라지는 게 느껴졌다. 어린 나이지만 그때 깨달은 바가 있다. 내가 스스로를 포기하지 않으면 남들도 나를 포기하지 않는다는 것. 내 인생을 나의 계획대로 주도적으로 살아야겠다는 생각을 그때부터 조금씩 했던 것 같다. 물론 아직 구체적인 계획이 그려져 있었던 것은 아니었다.

공고에 다녀 고3 2학기부터는 취업을 나가게 되었다. 나는 전산과라서 워드프로세서 지식이 있었고, 그걸로 양남이라는 작은 시골마

을에서 컴퓨터 학원 강사를 했다. 주로 취업을 준비하는 학생들이나 근처 면사무소에 다니는 공무원들이 강의를 들으러 왔다. 당시 고졸 평균 월급이 80만 원 정도였는데, 그 절반 밖에 안 되는 강사료를 받고 일했다. 그러던 중 학원으로 근처의 원자력 발전소 공사 현장 사무실에서 일할 사람을 구한다는 의뢰가 들어왔다. 학원 원장님이 그 자리에 나를 추천해줘서 나는 그곳에서 일하게 되었다. 일반적인 급여수준에는 여전히 못 미쳤지만, 그래도 학원 강사료보다는 보수가 나았다. 처음으로 소위 막노동판이라는 곳을 경험했다.

그곳은 인생의 막장과 가능성이 모두 공존하는 곳이었다. 날품을 팔며 술과 노름으로 일당을 다 날리는 사람들이 있는가 하면, 그 속에서 미래를 위한 새로운 사업의 가능성을 찾는 사람도 있었다. 물론 당시의 나는 그런 것을 구분할 수 있는 능력이 없었다. 그저 처음으로 내 손으로 돈을 벌었다는 사실에 신이 났고, 적은 액수지만 아버지께 용돈을 드릴 수 있게 되어 괜히 어깨에 힘이 들어가기도 했다. 갑자기 내 자신이 어른이 된 것 같았다. 공사판의 인부들과 어울려 술도 마시고 고스톱 판에도 가끔 끼었다. 그때는 내 인생이 어디로 어떻게 흘러가는지 별 자각이 없었다.

그런데 현장에서 하청업체 인부들을 관리하는 부장님이 나에게 뜻밖의 충고를 해주셨다. 여기서 시간 낭비하지 말고 공부해서 대학에 가라는 것이었다. 나도 대학을 가고 싶은 마음은 있었지만 형편도 그렇고 지금처럼 일하면 밥은 굶지 않을 것 같아서 대학갈 생각은 접고 있었다. 그런데 부장님이 나를 아들처럼 생각하셨는지 따끔하게 한 말씀하셨다.

"지금 당장은 이렇게 살아도 괜찮을 것 같겠지만 조금 지나면 후회할 거야. 우리 사회가 아직 그렇다. 좋은 대학은 못가더라도 하다못해 전문대학이라도 나와야 하청업체 부장이라도 하는 거야. 그러니까 정신 차리고 공부해."

그 말씀을 듣는데 머리를 한 대 세게 얻어맞은 것 같았다. 그때까지 나한테 그런 따끔한 충고를 해준 사람이 아무도 없었던 것이다. 그제야 나는 대학에 가고 싶어도 형편 때문에 일을 그만둘 수가 없다고 솔직히 말씀드렸다. 야근이 잦아서 따로 공부할 시간을 내기 힘들기도 했다. 그러자 부장님은 고맙게도 내가 공부할 마음만 있다면 야근은 특별히 빼주겠다고 했다.

그렇게 부장님의 배려로 수능을 몇 달 남겨두고 공부를 시작했다. 낮에는 일하고 밤에는 공부하는 것이 쉽지 않았지만, 누군가가 내 미래에 관심을 가지고 진심어린 충고와 배려를 해주는 마음이 고마워서 포기할 수 없었다. 그리고 정말 뜻하지 않게 경주대학교 도시공학과에 합격했다. 비록 지방대학교의 신생학과이긴 했지만, 처음으로 내 노력으로 이룩한 성공이었기에 그 기쁨은 이루 말할 수 없었다. 그리고 어떤 의미에서 그것은 내 인생의 전환점이 되었다. 대학이라는 타이틀보다는 인생을 내 자신의 의지로 능동적으로 꾸려나갈 수 있는 계기가 마련되었다는 점에서 큰 의미가 있었다.

대학 입학 후에도 나는 한동안 원자력 발전소 공사 현장에 다녔다. 학비 마련이 만만치 않았기 때문에 일을 쉴 수가 없었다. 그러다 군대를 가면서 일을 그만두었다. 제대 후에는 아르바이트로 택시 운전을 했다. 학교 수업이 끝나면 그때부터 시작해서 보통 새벽 1~2시에 운행을 마쳤다. 간혹 오전 근무를 할 때도 있었는데 그럴 때는 일하다가 수업 시간에 늦지 않으려고 그대로 택시를 몰고 학교에 간 적도 많았다. 처음에는 수위 아저씨가 교문 앞에서 막곤 하다가 차창 밖으로 얼굴을 내밀어 학생임을 확인시켜주면 들여보내주곤 했다. 그런 일이 잦아지자 나중에는 수위 아저씨가 내 택시를 먼저 알아보고 인사를 하기도 했다. 얼마 지나지 않아 나는 택시 몰고 등교하는 학생으로 캠퍼스에서 유명해졌다.

당시 나는 영어 공부에 한참 열을 올렸다. 복학 후 관광영어과로 전과를 한 것도 영어 하나만큼은 확실히 해야겠다는 결심이 있었기 때문이었다. 입학 당시 선택했던 도시공학과는 공부도 재밌고 적성에도 맞았지만, 과제가 너무 많아 학업과 일을 병행해야 하는 내 상황에서는 부담이 많이 됐다. 졸업 후 전공을 살려 취업을 하는 것도 현실적으로 힘들 것 같아서 좀 더 실용적인 과를 선택하기로 한 것이다. 딱히 대학 간판을 보고 진학을 한 것이 아니었기 때문에 스펙이라고 해봤자 내세울 만한 것도 없고 영어 하나라도 졸업 전에 확실히 해두면 취업에 도움이 될 것 같았다.

사실 전과를 할 때만 해도 내 영어 실력은 형편없었다. 전과를 위해 교수님과 면접을 볼 때 "I am a student"라는 초등학교 수준의 영어를 말하면서 'a'를 빼고 말하는 실수를 할 정도였다. 그래도 "열심히 해서 꼭 잘하는 모습을 보여드리겠다"는 내 말을 믿고 교수님께서 전과를 허락해주셨다. 그러고 나니 정말 잘해야 한다는 부담감이 생겼다.

원래는 아르바이트 할 시간이 부족하니 학과 공부 부담을 덜어보자고 전과를 한 것인데, 그 반대 상황이 되어버렸다. 교수님은 물론이고 나 자신에게도 '나도 할 수 있다'는 것을 증명해보이고 싶었다. 그래서 이른 새벽부터 영어 학원과 택시 운전, 학교 수업 듣기와 공부하기를 반복하며 하루하루 바쁘게 지냈다. 시간을 쪼개 일과 공부를 하니 잠잘 시간이 부족했지만 코피를 쏟아가면서도 포기하지 않았다. 이런 내가 안쓰러웠는지 아버지는 어차피 이름도 없는 지방대 나와 봤자 취직도 잘 안 될 텐데 그냥 학교 그만두고 택시 운전이나 계속하면 어떻겠냐고 말씀하시기도 했다. 택시 운전을 하면 먹고 사는 데 지장은 없을 거라는 의미였다.

그 말은 맞았다. 그런데 그게 내 꿈의 크기는 아니었다. 일단 졸업을 하고 더 큰 일을 하고 싶었다. 대학을 나와서 취직도 제대로 못할 것 같으면 괜히 비싼 등록금 내면서 학교를 더 다닐 이유가 없었다. 하지만 지방대를 나와도 나름 멋지게 성공할 수 있다는 것을 아버지에게, 그리고 세상 사람들에게 보여주고 싶었다.

그런 오기로 버티면서 공부를 했더니 전과 후 첫 시험에서 전 과목을 A⁺가 나왔다. 우수학생으로 뽑혀 총장상과 함께 전액 장학금까지 받게 되었다. 별 기대 없이 형편없는 실력의 복학생 한 명을 전과시켰던 교수님은 나의 뜻밖의 성과에 놀라셨다. 경주대에서 그때까지만 해도 관광영어과에서 성적우수로 총장상을 받은 학생은 내가 처음이었다. 학교를 그만두라고 했던 아버지도 내가 전액 장학금을 타오니까 더 이상 아무 말씀도 않으셨다.

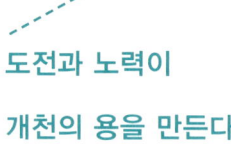

도전과 노력이
개천의 용을 만든다

내가 살던 곳은 그야말로 '개천'이었는지 모른다. 그렇다면 나는 용이 되기 위해 준비 중인 '이무기'였을 것이다. 다들 이무기는 이무기일 뿐 용이 될 수 없다고 했지만, 나는 언젠가 여의주를 물고 용트림하며 개천을 박차고 나갈 준비를 차근차근 해나갔다. 대학 졸업과 동시에 나는 세상을 향해 도전장을 내밀었다. 남들이 말하는 성공의 기준과는 조금 다를지 모르지만 내 인생을 최고의 정점에 올려놓을 도전을 시작한 것이다.

아직도 대기업에 목매는가?

　　지방대의 학생으로 이력서를 써서 지원을 하려니 서류 전형에서 부터 막히는 회사가 한두 군데가 아니었다. 그게 냉혹한 현실이었다. 취업을 준비하는 사람의 입장에서는 대학 간판만 보고 기회조차 주지 않는 것이 억울할 만하다. 그런데 반대의 입장에서 생각해보면 사람을 직접 겪어보지 않고 입사지원서와 자기소개서에 적힌 한정된 글만 보고 누가 자기 회사에서 열심히 일할 사람인지 판단하는 것도 결코 쉬운 일이 아니라는 점을 알아야 한다. 내가 만약 기업의 인사 담당 직원이라도 그 수많은 지원자들 중에서 최소한의 인원을 추려내려면 어쩔 수 없이 눈에 보이는 지표를 믿을 수밖에 없을 것이다.

결국 인 서울, 그중에서 소위 명문대라고 하는 대학 출신들을 선호할 수밖에 없다. 왜? 적어도 그들은 좋은 대학에 들어가기 위해 그렇지 않은 사람들보다는 더 열심히 공부했을 것이기 때문이다. 그것으로 그 사람의 인성이나 적성까지는 파악할 수 없을지 모르지만, 적어도 성실성만큼은 1차로 검증을 받았다고 볼 수 있다. 그래도 나름 객관적인 평가인 것이다.

억울한가? 그런데 어쩔 수가 없다. 미안한 얘기지만 실제로 내가 만나본 지방대생 중에는 실력도 없으면서 미래에 대한 구체적인 계획 하나 없이 술이나 먹고 게임이나 하면서 적당히 시간이나 축내는 사람이 많았다. 물론 일부의 얘기일 것이다. 일부를 일반화해서 전체를 폄하하려는 의도는 전혀 없다. 나 역시 지방대 출신인데 그래봤자 자기 얼굴에 침 뱉기다. 그런데도 내가 이런 얘기를 하는 이유는 그 일부 정신 못 차리는 학생들이 제발 내 얘기를 듣고 반성을 좀 했으면 하는 바람 때문이다. 적어도 지방대 출신이라 능력도 없고 게으르기만 하다는 소리를 듣지 않으려면 명문대 출신보다 더 열심히, 더 성실하게 미래를 준비해야 한다. 어쩌다 운 좋게 직장에 들어가서 어디어디 학교 출신을 써봤는데 영 형편없더라는 소리를 듣게 되면, 자신뿐만 아니라 같은 학교 출신들까지도 욕 먹이는 짓이고 후배들의 앞길을 막는 짓이다.

우리 사회의 고질적인 문제로 지적되는 것이 학연, 지연, 혈연이다. 그런데 가만히 생각해보면 얼마나 사람들이 못 미더우면 그래도 조금이라도 아는 사람에게 일을 맡기려고 할까 하는 생각도 든다. 생판 모르는 남에게 일을 맡기려면 적어도 이 사람이 일을 망치지 않을 것이며 받는 연봉 값은 할 것이라는 기본적인 신뢰감이 있어야 한다. 자기 자신이 상대에게 그런 신뢰감을 주고 있는지 생각해보라.

자신의 그릇을 먼저 보고 그 그릇에 맞게 직장을 선택하는 것도 중요하다. 그런데 너도 나도 남들이 좋다고 하는 직장만 찾아다닌다. 자리는 한정되어 있는데 자리보다 많은 수의 사람이 몰리니까 경쟁률은 높아지고 갈수록 취업의 문이 좁아진다는 말이 나오는 것이다. 문은 좁은데 수많은 사람들이 모두 그 한 문으로만 들어가겠다고 아우성이니 당연히 지치고 힘들 수밖에. 그런데 옆으로 눈을 돌려보면 그것 말고도 다른 문들이 많이 있다. 상대적으로 들어가려는 사람이 적은 다른 문을 두드려볼 생각은 왜 안하는지 모르겠다. 우리나라는 대기업과 공기업만 있는 것이 아니다. 그보다 더 많은 중견기업, 중소기업, 강소기업들이 있다. 그들은 많은 인재들이 와서 능력을 발휘해주길 바라고 있다.

중소기업이 대기업에 비해 당장은 연봉이나 복지 면에서 부족할지 모르지만, 자신의 능력에 따라 얼마든지 높은 연봉을 받을 수 있는 곳이기도 하다. 자신의 가능성을 보다 유연한 환경 속에서 시험해볼 기회를 가질 수 있다는 점 역시 중소기업이 가진 매력이다. 대기업에서는 신입사원에게 절대로 중요한 프로젝트를 맡기지 않는다. 신입사원이 해야 할 일만 잘하면 그걸로 칭찬받는다. 어찌 보면 거대한 기계 속 하나의 부속품 정도에 지나지 않는다. 반면에 중소기업에서는 적은 인원으로 많은 일을 해야 하기 때문에 신입에게도 곧잘 중요 업무가 주어진다. 쓰고 버려지는 부속품이 아니라 능동적으로 사업가적 기질을 발휘할 수 있는 기회가 상대적으로 더 많이 주어진다는 뜻이다.

내가 하는 말이 너무 이상적인 소리로만 들리는가? 그렇다면 현실적인 얘기를 해보자. 누가 당신을 고용할 것인가를 따져보자. '취업시장'이라는 말에서도 알 수 있듯이 취업활동은 일종의 자신을 파는 행위라고 할 수 있다. 내가 이런 저런 일을 할 수 있는 사람이니 나를 사가라고 하는 것이다. 그런데 세상은 하루가 다르게 변하고 있는 반면, 취업 준비생들이 자신을 파는 방식은 어찌된 일인지 별다른 변화가 없는 것 같다.

미래학자들은 가까운 미래에 없어질 대표적인 직종으로 펀드매니저, 은행원, 약사, 비행기 파일럿, 번역가 등을 꼽는다. 현재의 시점에서 보면 가장 잘나가는 편에 속하는 인기 직종들이다. IT와 자동화 기기의 발달로 이런 직종들은 조만간 컴퓨터와 기계가 그 자리를 대신할 것이라는 전망이다. 아직은 실감이 안 난다는 사람들은 뉴스를 꼼꼼히 살펴보기 바란다. 최근 뉴스에서는 사물인터넷과 무인 자동차, 3D 프린터, 클라우드 등 신기술의 발전으로 향후 5년 내에 300만 개의 새로운 일자리가 생기면서 700만 개의 기존 일자리가 없어진다고 한다. 쉽게 산수로 풀어보면 400만 개의 멀쩡한 일자리가 없어진다는 것이다. 이런 일자리 감소는 우리 인류가 정신을 차리기 전까지는 불행히도 계속될 것이고, 그만큼 적응하지 못하는 청춘들의 고통도 더 심해 질 것이다.

내가 최근에 인상 깊게 본 뉴스는 '인터넷은행'의 출범 소식이었다. 이제 무점포 은행이 대세가 될 것이다. 그러면 지금의 은행들은 필연적으로 직원 수를 대폭 축소 운영하게 된다. 뻔히 보이는 미래다. 실제로 최근 소위 안정적인 직장의 대명사로 불리던 주요 은행들이 2,000여 명에 이르는 임직원에 대한 희망퇴직을 실시했다는 보도가 아니더라도, 더 이상 금융권 일자리도 황금 일자리가 아닌 것이 현실이 된 지는 오래다. 그런데도 지금 당장 연봉 순위에서 상위권에 든다는 이유로 은행에 들어가려고 그 좁은 문 앞에 줄을 서있다. 미래를 조금만 내다볼 줄 안다면 굳이 좁은 문 앞에서 힘들게 경쟁하지 않을 텐데 말이다.

대부분의 희망퇴직은 7~8년 이상 근속자를 대상으로 이루어지지만 그 이하인 경우도 있다. 최근 '사람이 미래다'라는 슬로건으로 젊은 인재들에게 인기를 끌었던 모 대기업은 2년 이하의 근무자, 심지어 신입사원을 대상으로 희망퇴직 신청을 받았다가 구설에 오르기도 했다. 어렵게 스펙 쌓아 남들이 부러워하는 대기업에 취업했다고 장밋빛 미래를 꿈꾸며 한껏 어깨에 힘이 들어갔던 청년들에게는 하늘이 무너지는 소리였을 것이다.

고소득 전문직이라고 말하는 의사, 변호사 같은 직업도 마찬가지다. 대학 입시부터 시작해서 전문자격을 딸 때까지 수많은 시험과 경쟁을 통과해야만 한다. 그 과정에서 받는 스트레스와 육체적인 피로도 엄청날 것이다. 그런데 그 힘들고 시간도 오래 걸리는 좁은 문에도 워낙 많은 사람들이 달려들다 보니, 이제는 오히려 공급 과잉이 되어버렸다. 의사, 변호사만 되면 다들 고소득을 올리며 승승장구할 것 같지만 요즘은 문 여는 병원보다 문 닫는 병원이 많다는 말이 나올 정도로 개인병원 폐업률이 해마다 늘고 있고, 간판만 변호사인 개점 휴업 상태의 변호사가 부지기수다. 현실이 이런 데도 아직도 문 앞에 줄은 길기만 하다.

남들이 다 가는 길이
내게도 좋은지 따져봐야 한다

　요즘은 라이프스타일의 변화로 1인 가구가 늘어났다. 그러다 보니 소비 패턴에도 변화가 생겨서 대형 마트에 가보면 커다란 수박 한 덩어리는 잘 안 팔린다. 오히려 반 혹은 반의반씩 소분해서 파는 것이 인기다. 가격으로 따지면 덩어리 째 사는 것이 좀 더 싸다. 그럼에도 돈을 조금 더 주더라도 소분된 상품을 사는 것은 한 덩어리를 사서 다 먹지 못하고 버리는 것보다 더 현명한 소비이기 때문이다.

　나는 취업 시장도 이와 비슷하다고 본다. 자신의 능력을 커다란 덩어리로 팔려고 하면 잘 안 팔리지만, 조금씩 나눠서 팔면 잘 팔린다. 이 말인즉슨 굳이 아까운 청춘을 대기업, 공기업만 고집하면서 시간 낭비, 열정 낭비, 돈 낭비하는 것보다 비전 있는 중소기업, 내가 배울 것이 있고, 나를 알아봐주는 중소기업으로 가라는 뜻이다. 그렇게 중소기업 몇 군데를 다니면서 일도 더 배우고 능력도 더 길러서 언제 어디서든 환영 받는 프리랜서나 내 사업을 해보는 방법도 충분히 고려해 볼만 하다. 이런 면에서 보면 알량한 간판과 얼마 안 되는 연봉의 차이라는 이유로 버림받을 때까지 쉽게 그만두지도 못하는 대기업, 공기업에 들어간 친구들이 좀 불쌍해 보이기도 하다.

나는 우리 청춘들이 정해진 길, 남들 다 가는 그런 길 말고 좀 더 다양하게 보고, 좀 더 현명하게 자신의 미래를 그려보는 지혜를 가졌으면 좋겠다.

'플러스알파'가 있는 사람이 돼라

그렇다면 왜 요즘 젊은 친구들이 미래를 내다보지 못하고 과거의 관습에서 벗어나지 못하는 것일까? 나는 이것이 부모의 영향이라고 생각한다. 한국 부모의 자식 사랑과 교육열은 전 세계적으로도 유명하다. 덕분에 대학 진학률도 높아지고, 우수한 인재들도 많이 배출되었다. 그런데 이게 지나치다 보니 어느새 우리 교육은 입시 위주로만 돌아가고 사교육 시장이 비정상적으로 커져버렸다. 우리 사회의 스펙 쌓기 열풍과도 무관하지 않은데, 대학이 진정한 학문 연구의 장이 아닌 간판을 따기 위한 수단으로 전락한 느낌마저 든다.

그 과정 속에서 아이들은 공부하는 기계가 되어버렸다. 새벽부터 밤늦게까지 부모님이 시키는 대로 꽉 짜인 스케줄에 따라 움직인다. 겉으로 보기엔 더 없이 모범적인 아이들로 보인다. 그러나 자신의 미래를 설계하고 스스로 개척하는 법을 모른다. 그저 시키는 것만 잘하는 말 잘 듣는 아이들일 뿐이다. 이런 아이들에게 꿈이 뭐냐고 물어보면 선뜻 대답하지 못한다. 그럴 수밖에. 일단 당장 눈앞에 닥친 시험을 잘 봐서 부모님께 꾸지람을 듣지 않는 것에만 급급하다.

대학에 들어가는 것도, 졸업해서 취업을 하는 것도 다 이런 식이다. 자신이 진정으로 원하는 것이 무엇인지 잘 알지도 못하고, 취업을 해야 하는 이유도 모른다. 그저 부모님이, 선생님이 하라고 하니까 한다는 식이다. 이런 아이들이 직장에 들어가면 그래도 해오던 버릇이 있어서 시키는 일은 곧잘 한다. 그러나 조금이라도 자신이 책임감을 가지고 주도적으로 해야 하는 일이 주어지면 우왕좌왕하다가 일을 그르치는 경우가 종종 생긴다. 이런 실수가 반복되면 회사에서도 중책을 맡기기가 힘들다. 적당히 연수만 채우다가 희망퇴직 대상에 올라간들 그때 가서 누구를 탓할 것인가.

'부모 말을 잘 들으면 자다가도 떡이 생긴다'는 말이 있다. 자식 잘못되라고 비는 부모는 없다. 그러니 부모님의 애정 어린 충고와 조언은 언제 들어도 피가 되고 살이 된다. 그러나 어디까지나 참고 사항이지, 절대적인 것으로 여겨서는 안 된다. 부모님 세대의 경험과 지혜가 도움이 될 때도 있지만 요즘처럼 모든 것이 급변하는 시대에는 맞지 않는 것도 많다. 대표적인 것이 직업관이다. 우리 부모 세대에 최고의 직업이라고 여겨지던 것들이 지금 당장은 괜찮아 보일지 모르지만, 머지않은 미래에는 그렇지 않은 것이 될 가능성이 크다. 그러나 그런 점을 폭넓게 파악하고 자식들에게 적절한 조언을 해줄 수 있는 부모가 아쉽게도 많지 않은 것 같다. 그러니 부모님의 말씀은 참고만 하고 자신의 미래는 자신이 개척해야 한다.

대학 졸업 후 내가 처음 취업한 곳은 인천에 있는 J물산이라는 중소기업이었다. 소형 스위치를 만드는 곳으로, 생산된 제품은 대기업에 납품을 하거나 해외로 수출했다. 그곳의 해외 영업부에 들어가게 된 것은 순전히 900점대의 토익 점수 덕분이었다. 입사 후 자기소개를 하는데 경주대학교를 나왔다고 하니까 "경희대도 아니고 경주대?"라고 수군대는 소리가 들렸다. 여전히 우리 사회 곳곳에 뿌리 내린 학벌주의의 벽을 느끼는 순간이었다. 그러나 그들도 내가 일하는 것을 보면서 일을 하는데 학벌이 중요한 것이 아니라, 실전에서 써먹을 수 있는 실무 능력이 더 중요하다는 것을 금방 인정했다.

그런데 이 회사와는 인연이 아니었는지 개인 사정으로 6개월 만에 그만두게 되었다. 그 개인 사정이라는 것이, 실은 당시 한창인 장거리 연애 때문이었다. 경주에 사는 여자 친구를 만나기 위해 회사가 끝나면 인천에서 경주까지 내려갔다가 얼굴 한 번 보고 새벽에 올라와 다시 출근을 하곤 했는데, 그런 생활을 몇 개월 하다 보니 도저히 체력적으로 버틸 수가 없어서 회사를 포기한 것이다. 지금 생각하면 사랑이 뭐라고 그 좋은 회사를 그만 뒀을까 싶기도 하지만, 젊은 날에 그런 불같은 사랑 한 번 해보는 것도 내 인생에서 소중한 경험이기에 후회는 없다.

첫 직장을 그만두고 경주로 내려와서 토익 전문 강사로 일했다. 그런데 그 일은 아무래도 내가 원하던 일이 아니었다. 월급도 적었지만 재미도 없었다. 내 적성에는 맞지 않는 일이었다. 게다가 첫 직장을 그만두게 된 이유였던 여자 친구와도 헤어지게 되었다. 이래저래 새 돌파구를 찾아 떠날 때가 되었다. 그때 내 눈에 들어온 것이 해외 취업의 길이었다. 특히 중국이라는 나라가 매력적으로 다가왔다. 당시는 중국이 세계적인 경제 강국으로 발돋움하기 위해 이제 막 떠오르기 시작한 때였다. 그러던 중 중국 청도에 본사가 있는 A사에 이력서를 넣게 되었다. A사는 야구 글러브를 만들어 미국에 수출하는 회사였다. 그렇게 내 첫 해외 진출의 길이 열렸다.

물론 그것이 나의 첫 해외 방문은 아니었다. 대학 때 미국 디즈니월드에 연수생으로 뽑혀 5개월간 근무한 경험도 있고, 어학연수를 핑계로 유럽으로 배낭여행을 다녀오기도 했다. 어려운 형편에 학자금 대출을 받아가며 무리한 것이었지만 그런 경험들이 해외 취업을 할 때의 두려움을 없애는 데 도움이 되었다. 물론, 미천하나마 그런 경험이 있다고 해도 막상 닥친 현실은 녹록치 않았다. 특히 중국이라는 나라에 대해서 너무 모르고 무작정 덤빈 것이 문제였다.

중국으로 가기 전에 내가 일하게 될 청도가 어떤 곳인지 인터넷으로 검색하자, 아름다운 해변의 풍광을 담은 사진들만 떴다. 좀 더 자세히 알아볼 생각은 하지 않고 그 모습에 마음이 들떠서 여행이라도 가는 기분이었다. 그러나 그 들뜬 기분은 청도 공항에 도착하고 얼마 지나지 않아 산산조각이 났다. 운전수와 함께 나를 마중 나온 사장님 차를 타고 공항을 출발해 두 시간 정도 이동을 했는데, 차창 밖으로 보이는 풍경은 인터넷으로 보던 것과는 전혀 달랐다. 바다는커녕 가도 가도 끝없는 옥수수 밭이 펼쳐져 있고, 마치 1960, 70년대의 우리나라 시골에서나 볼 수 있음직한 허름한 가옥과 촌부의 모습이 간간히 보이는 것 아닌가. 내가 일할 회사는 청도 시내와는 한참 떨어진 곳이었다. 당시만 해도 청도가 지금처럼 발전하기 전이라서 시내만 조금 벗어나면 깡촌이나 다름없었다. 기숙사라고 안내를 받은 숙소역시 시설이 엉망이었다. 그런 환경 속에서 말도 잘 통하지 않는 중국 현지 직원들과 함께 생활하며 일할 생각을 하니 마음이 무거웠다.

그래도 일 자체는 괜찮았다. 해외영업과 관련한 일들은 내 적성에도 맞았고, 월급도 괜찮은 편이었다. 나는 시키는 일만 하지는 않았다. 사실 그럴 수 있는 상황도 아니었다. 눈앞에 보이는 일은 내 일, 남의 일 가리지 않고 닥치는 대로 했다. 그러다 보니 일도 빨리 배우고 대만, 홍콩 등으로 해외 출장도 다니게 되었다. 그렇게 2년 정도 그 회사에서 열심히 일했다. 그리 길지 않은 기간이었지만, 업무와 관련한 경험도 많이 쌓고 막막하기만 하던 중국이라는 나라에 대해서 어느 정도 파악하게 되었다. 혼자서 쓸 데도 없어서 돈도 좀 모았다.

그러자 슬슬 그곳에서 나오고 싶은 생각이 들었다. 사실 외로움이 가장 큰 이유였다. 사장님과 두 분 어른들을 제외하고는 한국 직원이 없어서 말 상대도 없었다. 별다른 여흥거리도 없어서 속이 답답할 때마다 밤에 기숙사 주변을 혼자서 달리기도 했다. 군대도 2년이면 제대하는데, 2년 동안 그런 생활을 했으면 이제 그만해도 되겠다는 생각이 들었다. 사장님에게 퇴사의 뜻을 전했더니 후임자가 올 때까지만 참으라고 했다. 그러나 한 번 그만둬야겠다는 생각이 들자 한시도 그곳에 있기 싫었다. 그런데 후임자는 두 달이 넘어도 나타나지 않았다. 지원했다가도 그곳의 사정을 알고는 아무도 오려하지 않던 것이다. 결국 나는 어쩔 수 없이 야밤에 기숙사를 도망치듯 나와

버렸다. 실은 사직의 뜻을 말씀드리고 나는 이미 내 나름의 일을 덜컥 시작해 버린 뒤라 더는 기다릴 수가 없었기 때문이었다.

그 후 한국으로 들어와 개인사업을 준비하다가 사기를 당하는 등 우여곡절을 겪었다. 그러다 다시 청도에 있는 한 주얼리 업체에 취직이 되었다. 너무 외롭고 힘들었던 기억 때문에 다시 중국에는 가지 않겠다고 결심했는데, 나와 중국의 인연은 생각보다 질겼던가 보다. 그렇게 패션 주얼리 업계에 처음 발을 들여놓게 되었다. 그곳 역시 택시도 잘 들어가지 않는 외진 곳에 위치하고 있었다. 그러나 한 번 경험을 해서 그런지 처음처럼 그렇게 막막하거나 무섭지는 않았다. 그곳에서 내 사업의 든든한 파트너가 될 친구를 만났다.(이 친구에 대한 이야기는 나중에 좀 더 자세히 하도록 하겠다.) 그곳에서 나는 패션 주얼리 사업 전반에 대해서 이해할 수 있었고, 매년 홍콩 컨벤션센터에서 열리는 국제 액세서리 쇼인 '홍콩쇼'를 경험할 수 있었다. 홍콩쇼는 액세서리 관련 전시회도 하고 마케팅 부스에서 바이어들의 오더도 직접 받는 행사로, 업계에서 매우 중요한 행사다.

그런데 그 회사를 오래 다니지는 못했다. 사장님과 경영 방식에 대한 생각 차이로 자주 부딪쳤기 때문이다. 어느 날 출근했더니 "지금 너 짐 챙겨서 나가면 돼. 그동안 수고했어."라는 말 한마디로 잘렸다. 덕분에 나는 어쩔 수 없이(?) '참패션'이라는 패션 주얼리 회사를 창업하게 되었다.

나는 가끔 생각한다. 만약 우리 집 가정 형편이 좋아서 부모님의 뜻대로 편하게 학교와 학원을 다니면서 공부만 했더라면 어떻게 됐을까 하고 말이다. 아마 나도 그저 시키는 일만 잘하는 수동적인 사람이 되었을지 모른다. 그런 면에서 나는 나에게 주어졌던 환경에 대해서 감사한 마음을 갖는다. 덕분에 나는 남들보다 좀 더 트인 시선으로 세상을 바라볼 수 있었다고 자부한다. 남들과 같지 않은 길을 걸어가는 것에 두려움이 없었고, 좀 더 창의적으로 내 삶을 개척할 수 있었다.

나중에 내가 사장이 되어보니 어떤 직원이 회사에 진짜 필요한 사람인지 눈에 보였다. 아무래도 회사에 대한 애정을 가지고 자기가 할 수 있는 일을 먼저 찾아서 하는 직원에게 신뢰가 갈 수밖에 없다. 해외영업부 사원이라면 누구나 해외 출장을 나가고 싶어 한다. 그런데 어떤 직원은 해외 출장가면 자기 놀 것부터 먼저 스케줄 다 짜놓고 어떻게든 시간을 빼서 다녀오려고 한다. 출장비도 거의 최대로 아끼지 않고 펑펑 쓰고 온다. 그런가 하면 어떤 직원은 자기가 가서 해야 할 일은 물론이고 시간이 남으면 바이어와의 미팅을 더 잡아서 일을 새로 따오기도 한다. 출장비도 꼭 필요한 경비만 쓰고 남겨온다. 사장 입장에서 어떤 직원에게 일을 더 맡기고 싶을까? 큰 기업에서는 그런

차이가 별로 안 날지 모르지만, 작은 기업에서는 그런 것이 쌓이고 쌓이면 회사 실적 자체에도 영향을 미치게 된다. 이렇게 회사 발전에 기여하는 바가 커지면 회사에서는 그 직원에게 승진이든 연봉이든 적절한 보상을 해줄 수밖에 없다.

내 인생의
주인은 나다

로버트 그린과 50 cent가 함께 쓴 『50번째 법칙』이라는 책에서는 흑인 빈민가 출신에서 정글과도 같은 미국 음악 산업계 큰손으로 대변신에 성공한 음악인 '50 Cent'의 성공 법칙에 대해서 다루고 있는데, 가장 인상적인 챕터는 '타인에게 의지하는 불행한 노예가 되지 말라'는 부분이었다. 남을 위해 일하면 결국 그가 일의 주인이자 자신의 주인이 되고, 그것은 그 사람이 창의적인 일을 할 수 없도록 만든다는 주장이다. 그린은 자기 일의 주인이 된다는 것은 물에 빠져 홀로 헤엄치는 것처럼 두려운 일이지만, 그러한 두려움을 극복해야만 인생의 진정한 주인이 될 수 있다고 했다.

사실 남이 시키는 일만 하면 속이야 편할지 모른다. 하지만 내가 책임질 일이 없으면 그만큼 발전도 없다. 인생이라는 그릇을 어느 정도 크기로 키우고, 또 그 안에 무엇을 담을 것인지는 스스로 결정해야 한다.

어차피 할 고생이면 미리 하는 게 낫다

"젊어 고생은 사서도 한다."

요즘 젊은 친구들이 듣기 싫어하는 말 중에 하나라고 한다. 이거야 말로 부모 세대의 가치관이라며, 어렵게 살았던 당신들의 과거를 왜 자식들에게도 강요하느냐고 말이다. 입시 공부며, 스펙 쌓기며, 대기업이나 공기업 줄서기에는 부모 말을 잘 들으면서 이런 때는 또 어깃장이다. 피가 되고 살이 되는 얘기는 들으려고 하지 않으니 참 아이러니다. 일평생 편한 길로만 가려는 심산인가? 그런데 인생이라는 것이 그렇게 만만하게 쉬운 길만 내어주지는 않는다.

사람마다 조금씩 편차는 있겠지만, 한 사람의 일생을 놓고 보면 일종의 '고생 총량의 법칙'이라는 것이 존재한다고 생각한다. 제 아무리 금수저를 물고 태어난 사람이라도 경제적으로 어려움이 없다 뿐이지, 육체적 혹은 정신적인 고통을 전혀 겪지 않고 살아갈 수는 없다. 그래서 어차피 하게 될 고생이라면 피하지 말고 차라리 젊어서 하는 게 낫지 않겠냐는 것이 내 생각이다. 젊어서 고생은 그것이 경험이 되어 나중에 더 큰 일을 할 수 있는 자산이 되지만, 나이 들어서 하는 고생은 젊어서 하는 고생보다 더 힘들게 느껴질 뿐만 아니라 그렇게 고생해서 얻은 경험을 바탕으로 무언가를 다시 시작하기엔 너무 늦어버린 경우가 생기기도 한다.

젊어서 고생해 자수성가한 사람들의 유명한 이야기도 많지만, 나는 내 주변에서 사례를 찾아서 사람들에게 얘기해주는 걸 좋아한다. 나와 멀지 않은, 나보다 잘난 것 없는, 그래서 만만해 보이지만 결국 나보다 많은 것을 이루고 앞서나가는 사람들, 바로 그런 사람들의 이야기를 듣다보면 오히려 더 많은 것을 배울 수 있다. 지금부터 하려고 하는 이야기는 내 사촌동생에 관한 사례다.

우리 아버지도 그렇지만 큰아버지도 자식들에 대한 교육관이 요즘 젊은 부모하고는 좀 달랐다. 형편이 어려워서 그런 것도 있겠지만,

좋은 학교에 다니고 공부를 많이 한다고 해서 반드시 좋은 사람이 되는 건 아니라고 생각하셨다. 한마디로 인간이 먼저 되라는 것이었다. 그 덕분인지 우리 집 형제들도 그렇고 큰집 사촌들도 그렇고 다들 많이 배우지는 못했어도 예의바르고 성실한 어른으로 자란 것 같다.

내가 소개할 동생은 큰집 사촌 2남 1녀 중 둘째다. 이 동생의 최종 학력은 중학교 중퇴, 그러니까 국졸이다. 요즘 젊은 부모들은 그 이유를 들으면 이해가 안 갈 것이다. 사촌동생이 중학교 2학년 때 학교에서 아이들끼리의 싸움 같은 조그만 사고에 휘말렸다. 그래서 큰아버지가 학교에 불려가게 되었다. 그런데 불같은 성격의 큰아버지는 선생님께 한 번만 봐 달라, 어떻게든 학교만 졸업하게 잘 지도해달라고 부탁하는 대신에 아예 동생을 자퇴시켜버렸다. 그리고는 공부 안 하고 사고나 칠거면 시간 낭비할 것 없이 일찍 기술이나 배우라면서 동생을 아는 분이 운영하는 섀시 공장에 취직시켜버렸다.

우리 큰아버지도 참 대단한 사람이지만 사촌동생도 만만치 않은 녀석인 것이, 한 번쯤 싫다고 투정을 부릴 만도 한데 군소리 없이 공장에 나가 일을 배웠다. 공사 현장을 따라다니면서 용접도 직접하면서, 어린 나이지만 한 사람 몫을 톡톡히 해냈다. 무엇보다 현장에서 만나는 어른들에게도 깍듯하게 잘했다. 그러니 어른들이 동생을 예뻐할 수밖에 없었다.

요즘에는 그런 공사 현장에서 20대 초중반의 젊은 친구들을 찾아보기 힘들다. 있더라도 일이 위험하고 힘드니까 오래 하지 못하고 그만두는 경우가 많다. 이것을 평생 직업이라고 생각하지 않고 잠깐 돈 벌어서 딴 거 하겠다는 생각으로 오기 때문에 그렇다.(물론, 공사 현장 일을 평생 직업으로 삼으라는 말은 아니다.) 그러다 보니 조금만 힘들어도 견디지를 못하는 것이다. 그런데 내 사촌동생은 그보다도 더 어린 나이임에도 불구하고 꾀부리지 않고 열심히 일했다. 물론 그때부터 이 일을 오래해서 나중에 자기 사업으로 키우겠다거나 하는 구체적인 계획을 가지고 있었던 것은 아니었다. 처음에는 그저 아버지가 하라고 하니까 해야 하는 것인가 보다 하고 시작했을 것이다. 그런데 어차피 학교도 그만두고 또래 친구들처럼 공부를 할 수 있는 처지도 아니니 일에 점점 재미를 붙였나 보다. 동생이 한때는 친구들과 어울려 다니면서 사고도 치고 했지만, 그래도 기본적인 인성은 매우 성실하고 정직한 아이였다. 특히나 대인관계에서의 예의와 태도가 같은 또래에 비해 남달랐다.

그렇게 시간이 흘러 경력이 쌓이면서 동생은 회사에서 인정받는 직원이 되었다. 특히 거래처 사람들로부터 강직하고 정직한 사람이라는 평가를 받았다. 공사 현장에서 잔뼈가 굵은 사람들 사이에서는 거래하면서 회사 몰래 뒷돈을 받는 것이 관례처럼 되어 있었던 모양이다. 그런데 동생은 적어도 자기가 맡은 파트에서는 절대로 그런 뒷돈을 받지 않고 공정하게 일을 처리했다. 직장 상사라면 어떤 직원을 선호하겠는가. 자재파트든 어디든 뒷돈을 받는 사람들이 천지인데, 동생은 그런 것 하나 없이도 일을 잘 하니 거래처에서도 좋아하고 회사에서도 이 친구에게는 어떤 일을 맡겨도 믿을 수 있다는 신뢰가 쌓이게 된 것이다. 거기에 어릴 때부터 함께 해온 세월이 더해지니 어느덧 회사에서 중책을 맡는 위치가 되었다. 회사에서 중책을 맡길 때는 단순히 능력만 보지는 않는다. 능력 외에도 얼마나 신뢰할 수 있는 사람인지 그리고 주변으로부터 어떤 평가를 받고 있는지도 중요한 요인으로 작용한다.

동생은 일을 할 때도 시키는 일만 하는 것이 아니라, 어떻게 하면 좀 더 효율적으로 일을 잘 할 수 있을까 생각을 하고 그것을 실천하는 사람이었다. 회사에서 근무하면서 자기 일과 관련해서 특허도 몇 개 냈다. 어느 회사나 시키는 일은 잘해도, 자기가 알아서 스스로 할 일을 찾아서 하는 사람은 몇 안 된다. 그러니까 이런 사람은 성공할 수밖에 없다. 내가 사장이라도 이런 직원에게 중책을 맡길 것이다. 일도 센스 있게 잘하고, 사람들과 친화력도 있고, 자기가 하는 일에 대해서 끊임없이 개선점을 생각해서 특허까지 내주는 직원을 누가 마다하겠는가.

아마 젊은 사람들 중에는 기껏해야 200만 원 남짓한 월급을 받으면서 그 고된 일을 하라고 하면 싫다고 마다하는 사람이 많을 것이다. 왜 고생을 사서 하냐면서 말이다. 그런데 그 고생을 사서 한 사람이 내 사촌동생이다. 동생은 10대 시절부터 죽 같은 업계에서 일을 했고, 그러다 보니 뒤늦게 들어온 20대 초반의 젊은 직원들하고 나이는 비슷해도 경력에서는 10년 넘게 차이가 났다. 이미 거기서부터 커리어가 벌어지기 시작했다. 동생은 30대 중반 쯤 되었을 때 20년 넘게 다닌 회사에서 독립해 자기 회사를 차렸다. 같은 또래 친구들이 대학 나오고 스펙 쌓고 취업 준비해서 직장에 들어간 후 이제 겨우 대리나 과장, 빠르면 부장 직급 정도를 달 나이에 동생은 벌써 잘 나가는 사업체의 사장님이 된 것이다.

요즘 동생이 사업하는 것을 보면 젊어 고생은 할 만하다는 생각이 절로 든다. 직장 생활을 오래하면서 탄탄하게 쌓아놓은 것이 있으니까 자기 사업을 해도 흔들리지 않는다. 이제는 좋은 일만 골라서 할 만큼 여유가 생겼다. 관급공사 위주로 하는데, 그것만 해도 충분할 정도다. 관급공사가 좋은 것이 돈 떼일 일이 절대 없고 마진율도 꽤 높다. 특별히 힘들게 영업을 하지 않고 가만히 있어도 아는 사람들의 소개로 일이 들어온다. 젊어서 고생한 세월이 증명해주고 있었다. '저 사람은 책임지고 잘 해준다' '일을 똘똘하게 잘 한다'는 인식이 있기 때문에 믿고 맡기는 것이다. 죽도록 뛰어다녀봐야 빌라 공사 같은 작은 규모의 오더에 만족해야 하고 그나마도 돈 못 받을까봐 밤잠 못 자며 걱정해야 하는 다른 업체 사장들에게 동생은 부러움의 대상이다.

나도 사업을 하는 사람으로서 동생이지만 참 배울 점이 많다고 느낀다. 특히 고객을 대하는 태도를 보면 사업이 잘 될 수밖에 없구나 하는 것을 느낀다. 얼마 전 동생이 속초에 갔다. 2~3년 전에 공사한 것을 A/S 해주러 간 것이다. 원래 A/S 기간은 1년이다. 일반 업자들은 1년이 지나서 못해준다고 하거나, 추가 비용을 요구한다. 그런데 동생은 3년이 지났어도 친절하게 "당연히 해드려야죠."라고 하면서 기꺼이 해준다. 물론 A/S에 들어가는 재료 원가 정도는 받는다. 그러나 같은 비용을 받더라도 A/S를 해주는 입장에서 말을 어떻게 하느냐에 따라서 고객이 느끼는 신뢰감은 큰 차이가 난다. 내 사촌동생이 일하고 있는 건설 분야뿐만 아니라 어느 분야든지 이런 식으로 일하면 얼마든지 성공할 수 있다.

만약 내게 자식이 있다면 삼성에 가란 말도, 애플에 가라는 말도 안 할 것이다. 대신 내 사촌동생을 본받으라고 할 것이다. 어릴 때부터 학교를 그만두고 건설 현장 같은 곳에 들어가 기술을 배우라고 하는 것은 아니다. 다만 시원한 에어컨 밑에서 하는 일만 찾지는 말라고 말해주고 싶다. 더울 때 더운 데에서 일하고 추울 때 추운 데에서 일하는 것처럼 고생스러운 게 없다. 그러나 처음 시작은 고생스럽더라도 그 고생이 전부는 아니다.

흔히들 인생을 마라톤에 비유한다. 마라톤과 같은 장거리 레이스는 초반에 힘을 빼면 끝까지 완주하기 힘들기 때문에 처음부터 전력질주해서는 안 된다. 그리고 구간마다 페이스 조절을 해야 한다. 그런데 과연 정말 인생은 마라톤일까? 나는 이 말이 모두에게 해당되는 말은 아니라고 생각한다. 세상에는 다양한 환경, 다양한 성격, 다양한 능력의 사람들이 존재한다. 그러니까 누구는 인생을 마라톤 경기처럼 살고, 또 누구는 100미터 달리기처럼 사는 것이다. 단거리는 초반 스퍼트가 경기의 승패를 좌우한다. 스타트부터 전력질주로 내달려야 그 가속으로 결승지점에 누구보다 빠르게 도달할 수 있다.

누구나 각자의 스타일대로 살면 된다. 그러나 한 가지 확실한 점은 편하게 살고 싶다는 생각으로 당장 눈앞에 보이는 고생을 피해간다고 해서 인생이 그렇게 쉽게 호락호락 길을 내어주는 건 아니라는 것이다. 물도 끓어오르려면 끓는점에 도달하기까지 계속해서 열을 가해야 한다. 필요한 시점에 필요한 에너지를 쏟아 붓지 않으면 한 번도 제대로 끓어오르지 못하고 계속 미지근한 채로 남겨질 것이다. 그 상태로는 라면 하나 먹을 수 없다. 제대로 끓어올라야 라면이든 밥이든 찌개든 될 것이 아닌가.

나도 젊어서 고생이라면 원 없이 한 사람이다. 그래서 요즘은 게으름도 피우고 남들처럼 놀러 다니기도 한다. '고생 총량의 법칙'에 의해서 나는 이미 남들보다 먼저 고생을 했으니까, 이제 잠깐은 그래도 된다고 생각한다. 그럴 수 있는 여유가 생겼다는 말이다. 어찌 보면 지금 나 같은 입장에서 돈을 더 많이 벌려고 아등바등 하는 것이 불공평한 일인지도 모르겠다. 이만큼 벌었으면 물러나야 하지 않을까 하는 생각이 든다. 좀 과격한 생각일지 모르지만, 나는 1년을 기준으로 한 개인이 최대한으로 벌 수 있는 돈을 제도적으로 제한했으면 좋겠다. 1년에 1천억 원 이하로만 수익을 제한해도 우리 사회에 엄청난 부의 재분배가 일어날 것이다. 1년에 1천억, 2천억 이상 버는 극소수의 사람들이 전 세계 부의 70% 이상을 가졌다는 얘길 들은 적이 있다. 그 사람들이 정해진 액수 이상 번 돈을 모두 기부하게 법으로 정하고 그대로 실천이 된다면, 지금보다 훨씬 살만한 세상이 될 것 아닌가.

현실적으로 불가능한 얘기라는 것은 나도 알고 있다. 그렇지만 개인이 이와 같은 법칙을 스스로 실천할 수는 있다. 내가 1년에 벌 수 있는 돈을 얼마로 제한을 하고 그 이상은 다른 사람들이 벌 수 있게 기회를 주면 그게 일자리 나누기가 되는 것이다. 요즘 일자리 나누기 문제가 사회적으로도 큰 이슈인데, 노동법 개혁도 해야 하지만 개인들의 실천도 중요하다고 생각한다. 사회적으로나 경제적으로 어느 정도의 위치에 올라간 사람들이 솔선수범해야 한다. 가지고 있는 돈을 그냥 내어놓기 아깝다면, 좋은 사업 아이템은 있는데 자본이 없는 젊은 사람들에게 투자하는 방법도 있다. "나는 벌고 싶어도 더 이상 벌 수 없으니까 네가 벌어라"가 되는 것이다. 투자한 돈을 회수하고 싶으면 투자 받은 사람이 성공할 수 있도록 사업 노하우를 알려주면 된다. 예를 들어 20억을 버는 사람이 10억만 가져가고 나머지 10억으로는 10명의 젊은이에게 1억씩 투자하는 것이다. 젊은 사람들만 패기가 없다고 탓할 것이 아니라 우리 사회 전체가 이런 방향으로 움직인다면 그들에게 좀 더 많은 희망을 줄 수 있지 않을까?

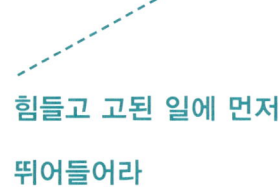

힘들고 고된 일에 먼저 뛰어들어라

젊은이들이 이런 혜택을 받으려면 계속 이야기하고 있는 것처럼 초반에 고생할 각오를 해야 한다. 그런데 왜 요즘 젊은 사람들은 고생하는 걸 마다할까? 고생하기 싫어하는 성향은 단순히 쉬운 일을 찾는 것에서만 나타나지는 않는다. 그들의 소비 패턴을 봐도 그런 성향이 드러난다. 요즘 인천공항에 가보면 해외로 여행을 떠나는 사람이 많다. 매년 국내에서 해외로 나가는 여행객 수가 기록을 갱신하고 있다. 젊은 사람들이 차지하는 비중이 크다. 국내 여행을 가도 1인당 수십만 원씩은 쓰니까 나가면 최소 100만 원은 쓴다고 봐야 한다. 버는 것보다 더 쓰고 있는 셈이다. 그러면서 고민하고 있다. 고생해서 돈 벌기는 싫고, 돈은 쓰고 싶고. 남들 하는 것 다 하지 못하면 불행하다고 느낀다. 치킨을 한 달에 몇 번이나 시켜먹는가. 먹고 싶은 거 다 먹으면서 미래의 희망이 보이지 않는다고 불평한다.

이런 이야기를 하면 고시원에서 힘들게 고생하는 젊은 친구들은 나를 욕할 것이다. 그 친구들이 그러고 있다는 얘기가 아니라 앞으로 그렇게 하지 말라는 얘기다. 나는 안 그런다? 그러면 잘하고 있는 거다. 빚내서 여행하고 빚내서 가방 사고 빚내서 자동차 사는 애들 부러워하지 마라. 그런 것 때문에 힘들어 하지도 마라. 누군가 자신의 상황에 맞게 얘기를 해주면 그걸 듣고 수용할 것은 수용하고 버릴 건 버리면 된다. 그런데 무조건 남이 하는 얘기 하나하나에 꼬투리를 잡으면 무슨 발전이 있겠는가.

내가 자꾸 젊은 친구들이 고생을 좀 해야 한다고 하니까, 사람들이 나보고 그런 말 하지 말라고 한다. '꼰대' 취급을 받는다는 것이다. 도대체 누구 눈치를 보는 것인지 모르겠지만, 그런 취급당하는 게 두려웠다면 처음부터 말도 꺼내지 않았을 것이다. 고생하라는 말의 의미를 제대로 알고 방향을 잡을 수 있도록 실제 사례와 구체적인 방법론을 가지고 얘기하겠다는데, 그래도 하지 말라고? 젊은이들로부터 진짜 희망을 빼앗고 있는 사람들이 누군지 다시 한 번 생각해볼 일이다.

남들이 하지 않는 일이 블루오션이다

우연히 TV에서 염전에서 일하는 사람들에 대한 방송을 본 적이 있다. 거기에서 일하는 사람이 땀을 닦으면서 이런 말을 했다.

"진짜 힘든 일이긴 하지만 젊은 사람들이 해도 괜찮을 텐데⋯⋯."

요즘 젊은 사람들은 아무도 힘든 일은 안하려고 한다. 그렇기 때문에 힘든 일이 블루오션이 되었다. 블루오션이라고 하면 최첨단 과학과 관련된 미래 사업만 떠올리는 사람들이 있는데 그건 우리가 할 수 없는 블루오션이고, 우리가 할 수 있는 블루오션은 따로 있다. 과거

75

레드오션이라고 생각했던, 그러나 이제는 아무도 하지 않으려고 내던져 놓은 산업군에도 수많은 틈새 블루오션이 존재한다. 이를 테면 염전 사업도 그런 것 중에 하나다.

요즘 천일염이 대부분 중국산이고 외국에서 들어오다 보니, 국내에서 소량 생산되는 상품은 대부분 즉시 예약 판매될 정도로 인기다. 좀 힘들면 어떤가. 그만큼 비전이 있는데. 생각하기 나름이다. 일단 그렇게 염전 사업을 하면 먹고 사는 데 아무런 지장이 없고, 매출 증대로 생활이 여유로워지면 해외여행도 다니고, 어디 가서 좋은 일도 하면서 얼마든지 멋진 삶을 살 수 있다. 그런데 그런 생각은 하지 못하고 당장 내 몸 힘든 것만 떠올린다. 그러니까 안 되는 것이다. 빛 좋은 개살구라고, 80%가 망하는 걸 알면서도 그리로 뛰어든다.

좋은 대학 나와서 스펙 쌓고 대기업에 들어가는 것이 꿈인 사람들이 많다. 그런데 가면 뭐하나. 흔히들 대기업이 양질의 직종이라고 생각한다. 일반적으로 양질의 직종이라고 하면 급여도 좋고, 사회적인 인식도 좋으며, 일하는 보람도 있는 경우를 말한다. 그래서 너나 할 것 없이 다들 그런 양질의 직종에서 일하기를 희망한다. 그런 생각을 가진 젊은 사람들에게 염전이나 농사 같은 직종이 블루오션이라고 말하면 콧방귀도 뀌지 않을 것이다. 하지만 누군가는 그런 얘기를 할 수 있어야 한다.

내가 염전 사업처럼 남들이 다 꺼려하는 힘든 일을 블루오션이라고 표현하는 이유는 지금 20대 중후반인 젊은 친구들이 그 일을 선택해서 20년 정도만 고생하면 그 다음부터는 편하게 살 수 있다고 믿기 때문이다. 반면에 아무리 조건이 좋아 보이는 대기업이라도 20년 다니고 나면 끝이다. 그마저도 지금은 10년을 채우면 다행인 세상이다. 희망퇴직이라는 말이 일상이 되었다. 나 하나 빠져도 아무런 티도 안 나는 곳이 대기업이다. 조직의 특성이 그렇다. 회사는 발전하지만 개개인은 그저 소모품에 지나지 않는 곳이다.

염전 사업뿐만 아니라 농업도 블루오션이다. 농림축산식품부에 따르면 2001년에 880가구에 불과했던 귀농·귀촌 가구가 꾸준히 늘어 최근에는 4만 4천여 가구를 기록했다고 한다. 15년 사이에 50배 가까이 늘어난 것이다. 그중에서 42%가 40대 이하의 젊은 층이고, 대졸 출신도 10명 중 1명꼴이라고 한다. 이 정도가 되면 TV나 미디어 등의 영향을 받은 일시적인 현상이라고만 볼 수 없다. 세상이 달라지고 있는 것이다. 일자리 수에 비해 고급인력이 과잉 공급되고 있는 현실 속에서 새로운 비전을 찾아 눈을 돌린 사람들이 점차 늘어나고 있고, 또 그래야 한다.

귀농·귀촌 인구 중에 고학력자가 많아진 이유가 뭘까. 그만큼 생각이 깨어있다는 얘기다. 생각이 짧은 사람들은 도시에서는 막노동이라도 할 수 있지만, 시골에 내려가면 먹고 살 거리가 없다고 생각한다. 여기서 막노동을 할지언정 농사일은 않겠다는 것이다. 그런데 고학력자라도 생각이 깨어있는 사람들은 인생은 어떻게 하면 행복할까, 어떻게 하면 의미 있을까, 내가 여기서 이렇게 사는 게 맞는 것인가 등에 대해서 생각하고 고민할 줄 안다. 그러니까 오히려 귀촌인구에 고학력자가 많은 것이다. 결국 '똑똑한 사람'들이 어떤 방식으로든 더 잘 산다.

멀리 농촌까지 갈 필요도 없이 일명, 노가다판이라고 불리는 막노동 현장에서도 블루오션을 찾을 수 있다. 우리 주변의 막노동 현장을 가보면 중국인(조선족) 천지다. 사람들은 그들이 우리 일자리를 빼앗는다고 이야기한다. 반면에 그 사람들 덕분에 먹고 사는 사람들도 있다. 이른바 '십장'이라고 불리는 사람들이다. 일자리가 없다고 하지만 막상 제대로 일할 사람을 찾으면 없다. 그러니 코리안 드림을 꿈꾸며 한국에 와서 돈을 벌고 고국에 돌아가 잘 살겠다는 외국인 노동자들이 그 자리를 대신할 수밖에 없다. 똑똑한 외국인 노동자 10~20명만 모으면 십장이 될 수 있다. 내가 중국 공장에서 데리고 있던 조선족 청년 중 한 명이 지금 한국에 들어와서 그런 팀의 일원으로 일하고 있는데, 가끔 내게 전화를 걸어와 이런 이야기를 하곤 한다.

"형님, 대한민국 정말 살만해요. 일이 끊이지 않아요."

우리나라에 일자리가 없는 것이 아니다. 일자리를 찾지 않으니까 없는 것이다. 일을 시키는 입장에서는 와서 일해 주는 외국인 노동자들이 고맙다. 그렇지 않겠나? 우리나라 젊은 사람들은 요즘 꿈이 없다고 난리다. 꿈은 자신의 미래를 위해서 힘든 일도 마다하지 않는 사람들에게 주어지는 특권이라고 생각한다. 한국에 들어와 일당 10만 원짜리 노동을 하는 사람들에게는 꿈이 있는데, 대학 졸업해서 힘든 일을 못하겠다고 손 놓고 있는 젊은이들에게는 꿈이 없다.

북한에서 목숨 걸고 한국 땅에 와 제 몸 하나 밑천 삼아 박사학위도 따고, 버섯농사 짓고, 식당 차려서 큰 부자도 되는데 이 나라에서 태어나 정규교육 다 받은 우리네 청년들은 할 일이 없다? 애초에 꿈을 가질 자격이 있는지 묻고 싶다.

대학 졸업해서 전부 공사판으로 가라는 얘기가 아니다. 다만 일이 없어서 놀고 있을 바에야, 그곳에 가서 몇 년 정도 고생하면 그 바닥에 대한 통찰력이 생겨서 좀 더 비전 있는 일을 할 수도 있다는 이야기를 하는 것이다. 노가다 판에서 평생 썩으라는 말이 아니다. 일을 배우고 난 후에는 외국인 노동자들을 데리고 십장이 될 수도 있고, 공장을 차릴 수도 있다. 그런데 그걸 안 하려고 한다. 그 일을 하려는 사람이 없다는 것은 그만큼 그 일에서 성공할 가능성과 경쟁력이 있다는 말이기도 하다. 다른 게 아니라, 그런 게 블루오션이다. 목수를 하든, 인테리어 공사를 하든지 간에 10년만 정직하고 성실하게 일해 봐라. 1만 시간의 법칙이 괜히 나왔겠나. 그 다음부터는 자기네 일을 맡아 달라는 사람들이 줄을 설 것이다. 모 유명 포장이사 업체의 대표도 이삿짐을 나르던 짐꾼 출신이라고 한다. 이삿짐을 나르는 일이 얼마나 고생스럽겠나. 그래도 젊은 시절 열심히 고생한 덕분에 자리를 잡아서 사장님이 됐다. 이런 사례들은 부지기수다. 주변에 얼마든지 있다. 그런데도 3년, 5년, 10년도 고생 안하고 졸업하자마자 무조건 편한 직장에서 일하겠다고만 생각하니, 그래서야 무슨 비전이 있고 꿈이 있다고 말할 수 있겠나.

내가 하던 패션 주얼리 사업도 처음엔 노가다나 마찬가지다. 들어온 제품의 박스 뜯는 일부터 개별 포장하고 검품하는 일까지 하나하나 사람의 손이 가야 하는 노동인데, 처음엔 물론 그 일을 내가 직접 다 했다. 그러면서 일에 대한 감각을 익히고 사업을 키울 수 있는 저력을 축적했다. 지금은 힘든 일은 직접 하지 않고 중국과 한국을 오가며 중요한 일처리만 하고 있다. 그런데 대학생들은 내가 중국에서 고생한 지난 시절은 생각 안하고, 지금의 모습만 보고 나를 부러워한다. 어제의 고생과 노력이 없었다면 오늘의 나도 없었을 텐데 말이다.

어차피 세상에 쉬운 일은 하나도 없다, 성공 확률 높은 곳에 베팅하라

미래에 비전이 있는 일을 하고 싶은가? 그렇다면 힘들어서 아무도 하지 않으려고 하는 일부터 찾아봐라. 분명 그 안에 당신이 찾는 해답이 있을 것이다. 물론 고생할 각오는 기본 전제가 되어야 한다. 기회는 바로 그 안에 있음을 많은 분들이 깨달았으면 좋겠다.

운동 종목에 비유하자면, 많은 사람이 하는 인기 종목보다는 비인기 종목을 택하는 것이 미래를 위해서는 더 옳은 결정일 수 있다는 말이다. 당장은 인기 종목이 들어갈 학교도 많고, 졸업 후 입단할 팀도 많아 보인다. 게다가 인기 종목의 스타가 되면 수십, 수백억 대의 연봉을 받는다. 그러나 이것은 어디까지나 잘 되었을 때의 얘기다. 그런데, 알다시피 '잘 되는 일'이 그렇게 쉬운가? 아마추어로 국가대표에 선발되려면 대학입시와는 비교도 안 되는 경쟁률을 뚫기 위해 최고의 기량을 선보여야 한다. 프로팀에 발탁되는 일은 재능과 노력과 운이 따라야 하는 어마어마한 일이다. 결국 이도 저도 아니면 박봉으로 실업팀에서 뛰거나 코치로 전향해야 하는데 코치도 국가대표나 프로 경력이 없으면 쉽지 않다. 반면에 비인기 종목의 경우에는 뛰어드는 사람이 적기 때문에 국가대표나 프로팀에 들어갈 수 있는 확률이

상대적으로 높다. 무엇보다 남들이 하지 않는 종목을 했다는 희소성이 그 사람의 가치를 높인다.

기왕에 남들이 다 가는 길로 가겠다고 마음먹었다면 수많은 경쟁자들보다 월등히 뛰어난 실력을 갖추지 않으면 안 된다. 결코 쉽지 않은 일이다. 어차피 세상에 쉬운 일이 하나도 없다면, 성공의 확률이라도 높은 곳에 베팅해 볼 것을 권한다.

알랑한 갑질은 집어치워라

어쩌다 우리 사회가 '갑'의 사회가 되었는지 모르겠다. 2015년 한 해만 해도 온 나라를 떠들썩하게 만든 이른바 '갑질 논란' 사건이 수두룩했다. 언론에서 사건을 과장해서 보도하고 SNS 상에서 이야기가 부풀려지는 경향도 없지 않지만, 확실히 우리 사회의 고질적인 병폐임은 틀림없다. 사실 이게 어제 오늘의 문제는 아니다.

나는 이것이 우리나라 사람들이 겉치레에 치중하는 문화와 관련이 있다고 생각한다. 얼마 전 지인과 승마를 배우러 갔다. 승마를 하려면 기본적으로 바지와 부츠, 모자 등의 승마복장을 갖추어야 한다고 해서 나는 승마장에서 파는 19만 원짜리를 구입했다. 그런데 나와 함께 간 사람은 메이커 브랜드로 79만 원짜리를 해 입는 것이었다. 내가 볼 때 품질이나 기능상으로는 전혀 차이가 없어 보였지만 그 정도는 입어줘야 폼이 난다고 생각했나 보다. 남의 눈에 어떻게 보이느냐에 집착하다 보니 다른 사람들 앞에서 무시당하는 듯한 기분을 참지 못한다. 겉에 두른 옷의 가격이 마치 자신의 인격이라도 되는 양 착각하는 것이다. 그리고는 내가 이 정도로 입어줬으니 너도 그에 합당한 대우를 하라는 식으로 행동한다.

과장된 소리로 들릴지는 모르겠지만 실제로 지금 우리 사회가 그렇게 흘러가고 있다. 허영과 과시욕이 지배하는 세상이다. 이러한 경향성은 요즘 젊은 사람들 사이에서 더욱 심각한 지경에 이르고 있다. 한쪽에는 취업이 안 되네, 청년 난민이네 어쩌고 하면서 절망론이 흉흉한 반면, 한쪽에서는 이제 막 사회생활을 시작한 20대가 할부로 값비싼 외제차부터 지르고 보는 대책 없는 모습이 동시에 존재한다. 이런 사회가 정상인가? 나는 우리 사회에 필요한 힐링은 어쭙잖은 위로가 아니라 바로 이런 병든 모습부터 과감하게 치료하는 것이라고 생각한다. 제대로 생각이 박힌 어른들이 나서서 이러한 일을 해줘야 하는데 그러지 못하는 현실이 안타깝다.

일상에서 서비스업에 종사하는 종업원들에게 상식 이하의 갑질을 하는 것도 '손님은 왕'이라는 비뚤어진 권리의식에서 비롯된 것이다. 서비스업에 종사하는 사람이라면 당연히 손님에게 최상의 서비스를 제공해야 하고 그것은 직업의식과 관련이 있을 뿐 아니라 사업주 입장에서는 영업을 성공시키기 위한 전략이기도 하다. 그러나 그것을 빌미로 서비스 제공자를 인격적으로 무시하거나 하대할 권리는 누구에게도 없다. 잘못된 서비스에 대해서 정당한 클레임을 걸 수는 있지만 그 이상의 것을 요구해서는 안 된다.

그러면서도 서양처럼 팁을 내라고 하면 무슨 부당한 요구라도 받은 듯이 펄쩍 뛴다. 원래 서양과 동양의 문화가 차이가 있지만 우리나라는 유독 서비스 업종 종사자들에 대한 보상에 인색하다.

서양이라도 유럽과 미국도 차이가 있다. 유럽은 르네상스의 영향으로 인간의 가치를 보다 높이 평가하는 반면, 미국은 기계화된 대량생산에 익숙하기 때문에 합리적 생산성을 보다 중시한다. 그러다 보니 커피를 예로 들면, 유럽은 개인이 직접 로스팅하고 정성들여 내린 커피가 가치를 인정받는 경향이 있다면 미국은 스타벅스 같은 대형 프랜차이즈의 인기가 더 높다. 우리나라는 미국의 영향을 받아서 프랜차이즈 커피전문점이 개인이 하는 카페보다 장사가 더 잘 된다. 그런데 이런 소비 성향이 미국처럼 합리적 생산성에 기인한다기보다는 이것 역시 겉치레에 더 치중한 결과가 아닌가 싶다. 스타벅스 로고가 박힌 테이크아웃 컵을 들고 돌아다니면서 마치 내가 뉴욕에 있는 것 같은 착각을 즐긴다. 밥은 4,000원짜리 편의점 도시락을 먹어도 커피는 5,000원짜리 프랜차이즈 제품을 마신다. 그러면서 무슨 커피를 제대로 즐기는 사람인 것처럼 자신의 허영을 합리화하려고 한다.

그런데 프랜차이즈 커피점의 비싼 커피는 줄을 서서 마시는 사람들이 그곳에서 일하는 사람들의 노동 가치는 우습게 여긴다. 우리나라 사람들은 음식점이나 커피점 등에서 받는 서비스는 공짜라고 생각한다. 정당한 대가를 지불하고 그에 대한 요구를 해야 하는데 돈을 내면 손해라고 생각한다. 돈은 내기 싫고 대접은 받고 싶은 것이다. 얼마 전에 캐나다에 갔었는데 식당의 메뉴판을 보니 우리나라에서 먹는 것과 비교해도 가격 차이가 별로 없었다. 그런데 나오면서 계산할 때 보니 메뉴판에 있던 가격에 세금으로 15%, 팁으로 15%가 붙었다. 거기에서는 그게 당연한 일이었고, 아무도 그에 대해 항의하는 사람이 없었다. 부가세별도 표시가 된 호텔이나 일부 고급 레스토랑을 제외하고 만약 우리나라의 일반 식당에서 그렇게 한다면 당장 격렬한 항의가 있을 것이다.

그렇게 따지면 우리나라 음식 값은 정말 싼 거다. 이런 환경 속에서 종업원 월급이 올라갈 수 없다. 이것이 또 젊은 층이 서비스업으로 진출하는 데 있어서 방해 요인이 된다. 최저 시급도 제대로 못 받는 알바들의 열악한 근무환경을 만드는 것이 단순히 악덕 업주 개인만의 문제일까? 그들에게 제대로 된 서비스 비용을 지불하기 싫어하는 소비자들 때문은 아니고? 우리나라가 앞으로 선진국 수준으로 발전하려면 서비스업의 발전이 매우 중요하다고 생각하는데, 이런 방해 요인들부터 함께 제거해나가야 한다.

프랜차이즈가 됐든, 개인 점포가 됐든 간에 장사를 시작하는 순간 뼈저리게 느끼게 될 것이다. 그동안 자신이 해온 알량한 갑질이 순식간에 자신을 향한 화살이 되어 쏟아지는 것을 말이다. 우리는 언제든 갑이 될 수도, 을이 될 수도 있다. 돈만 있다고 다 갑이고 돈이 없다고 다 을이 되는 것이 아니다. 돈의 가치보다 사람의 가치를, 노동의 가치를 더 귀하게 여기는 사회를 다 같이 만들어야 한다.

**사람 귀한 줄 알아야 나도
대접받지 않겠나**

이런 사회 분위기를 만드는 것이 바로 공익성이다. 돈을 벌고 싶고, 번 돈을 쓰고 싶은 것은 당연한 욕구이며, 우리가 열심히 사는 이유이기도 하다. 그러나 남에게 피해를 주면서까지 필요 이상의 큰돈을 벌려고 아등바등하거나 과시욕에 사로잡혀 무절제하게 과소비하는 것은 공익성을 해치는 일이다. 우리는 노블레스 오블리주, 돈 많은 사회 고위층 인사들의 공익 활동을 강조한다. 그러나 이것을 돈 없고 사회적 위치가 낮은 사람은 공익성에 소홀해도 된다는 뜻으로 오해해서는 안 된다. 공익성이라는 것이 다른 것이 아니라, 정당하게 지불해야 할 곳에 값을 지불하고 자신이 지불한 가격 이상의 권리를 주장하지 않는 지극히 평범한 행위에서 시작됨을 다들 인식하고 실천했으면 좋겠다.

우리나라에는 공짜를 좋아하는 얌체족이 너무 많다. 좋은 게 좋은 거라고 공짜가 뭐가 나쁘냐고 할지 모르겠지만, 세상에 공짜란 없다. 그것이 물건이든 서비스든 그것을 만들어내는 데는 그만큼의 재화와 사람의 노력이 들어간다. 그것에 대한 가치를 소홀하게 생각하는 태도는 옳지 않다.

오래 전 미국 디즈니에 연수를 갔을 때 일이다. 함께 생활하는 한국인 연수생들이 어느 날 갑자기 비디오카메라 같은 전자제품을 가지고 숙소에 와서 자랑을 하는 것이었다. 인턴 시급이 빤한데 어디서 돈이 나서 저런 걸 샀는지 궁금했다. 얘기를 듣자니 미국의 전자 대리점에 구매한 제품을 3개월 정도 써보고 마음에 안 들면 환불해주는 서비스가 있다는 것이다. 그 친구들 말이 한국에 돌아가기 전까지 실컷 쓰고 반품하면 된다는 것이다. 대리점에서 그런 마케팅을 한다는 것은 그만큼 품질에 자신감이 있고, 또 소비자의 양심을 믿기 때문에 하는 것이다. 그런데 그걸 악용하는 사람들이 있다. 어처구니가 없었다.

비단 그 친구들만의 잘못이 아니라, 이런 일이 우리 주변에서 흔히 일어난다는 게 문제다. 찾아보면 이와 비슷한 크고 작은 악용 사례가 많다. 다 같이 반성하고 고쳐야 할 부분이다. 국민의 의식이 전체적으로 높아져야 한다. 그러기 위해서는 기성세대부터 제대로 각성하고 젊은 세대를 모범적으로 이끌어야 한다. 사회 각층의 어른들이 이런 역할을 충분히 해주어야 할 때다.

당신은 어떤 인재인가?

최근에 재밌게 본 영화가 있다. 앤 해서웨이, 로버트 드 니로 주연의 〈인턴〉이라는 영화다. 줄거리는 대강 이렇다. 70세의 은퇴자 벤(로버트 드니로)은 30세의 쇼핑몰 CEO 줄스(앤 해서웨이)가 운영하는 회사에 시니어 인턴 프로그램으로 들어간다. 벤은 인생 경험을 바탕으로 어려움에 처한 줄스를 돕게 되고 두 사람 사이에 세대와 나이를 초월한 우정이 싹튼다는 내용이다. 그런데 영화를 보면서 모든 인턴들이 영화 속 벤처럼 회사 생활을 하면 어떨까 생각해봤다. 물론 영화이기 때문에 과장된 내용도 있고, 우선 나이 설정부터가 우리나라 현실과는 동떨어져 있다. 그러나 나이, 국적, 성별을 불문하고 벤처럼 직장 동료를 대하는 사람이 있다면 과연 싫어하는 사람이 있을까?

우리나라의 인턴제도에 대해 이런 저런 이야기가 많다. 말이 좋아 인턴이지, 그냥 싼값에 청년들의 노동을 착취하는 것이라는 부정적인 의견도 있다. 그래서 '열정페이'라는 말도 나왔다. 열정을 빌미로 한 저임금을 이르는 신조어다. 그런데 나는 이 열정페이라는 것도 마냥 나쁘게만 볼 게 아니라는 생각이다. 일을 배우기 위해 그 자리에 들어갔다면 우선 일을 배우는 데 충실해야 한다. 당장은 하는 일에 비해 받는 보수가 적지만, 학원가서 돈 주고도 배울 수 없는 것을 돈을 받으면서 한다고 생각하면 된다. 아마 처음에는 스펙 욕심이든 일을 배우고 싶은 욕심이든 간에, 그 자리에 들어가기 위해 적은 보수를 받는 것에도 동의했을 것이다. 그런데 그렇게 막상 들어가 놓고는 화장실 들어갈 때 마음과 나올 때 마음이 다른 것 마냥 보수가 적다고 불평하고 열정페이라는 말로 사용자를 비난한다.

사용자와 고용인 사이는 경쟁 관계도 적대적 관계도 아니다. 함께 협력해서 공동의 이익을 추구하는 집단이다. 그런데 이러한 사실을 많은 사람들이 종종 잊어버리는 것 같다. 서로의 어려운 점을 살피고 도와야 회사도 살고, 회사가 살아야 직원들도 산다. 물론, 정말 악의를 가진 사용자들도 있다. 그렇지만 그런 사람을 경험함으로써 이후에는 피하는 방법을 배우는 것도 젊은 친구들이 경험해야 한다고 생각한다. 세상은 험한 곳이고 나쁜 사람도 많은데, 그 사람들이 다 개과천선할 때까지 기다릴 수도 없고 어떻게든 부딪히면서 피할 것은 피하고 바꿀 것은 바꿔야 하지 않겠는가. 회사 동료와의 관계는 물론이고 거래처와의 관계에서도 경쟁보다는 협력이 더 많은 것을 가져다준다. 그리고 협력의 시작은 내 일, 남의 일 나누지 않고 일단 눈앞에 내가 할 수 있는 일이 있으면 하는 것에서부터 시작한다.

남을 돕는다는 것이 무슨 대단한 권력이나 경제력이 있어야만 할 수 있는 일이 아니다. 누구나 자기 위치와 능력의 범위 안에서 사소하게 느껴지는 것이라도 도움을 줄 수 있다. 내가 도울 때는 별것 아닌 것 같아도 상대방의 입장에서는 굉장히 크게 느낄 수 있다. 회사에서도 흔히 있을 수 있는 일인데, 동료가 잘 모르면 가르쳐줄 수 있는 것이고 일 처리 때문에 뭔가 어려움을 겪고 있다면 내가 할 수 있는 선에서 도움을 줄 수 있다. 당장은 내가 좀 손해를 보는 것 같아도 지나고 나면 그런 것이 쌓이고 쌓여서 결국에는 자신에게도 이익이 되어 돌아온다. 남에게 베풀다보면 나도 언젠가는 도움을 받을 수 있다는 생각을 늘 하면서 살아야 한다.

미국 디즈니로 연수를 갔을 때의 일이다. 앞에서도 잠깐 얘기했지만 내가 다녀온 프로그램은 미국의 유명 관광리조트인 디즈니월드에서 매년 전 세계 대학생들을 상대로 실시하는 인턴십 프로그램이었다. 돈도 벌고 영어도 배울 수 있는 좋은 기회였다. 당시 아시아에서는 일본에서만 연수생을 선발하다가, 2001년 처음으로 한국에서도 연수생을 선발하게 되었다. 그때 나는 심층면접을 통해 최종 54명 중 한 명으로 선발되었고, 교수님들의 신원보증으로 어렵게 비자를 발급받아 연수를 떠날 수 있었다.

그곳에서 나는 다른 연수생들과 함께 한 달 정도 직무와 친절 서비스 교육을 받은 후 디즈니월드 매점에서 미국 현지 정 직원들과 똑같은 근무 조건에서 일을 하게 되었다. 간단한 조리부터 주문 관리, 청소 등 온갖 잡무를 다 했다. 급료는 주급으로 나오는데, 야근을 하면 특별수당을 받고 주말에 일하면 일당의 2배를 받을 수 있었다. 그런데 미국 현지 직원들은 평일 야근은 물론이고 주말 근무도 거의 신청하지 않았다. 그러다 보니 평일 야근과 주말 근무는 대부분 한국인 연수생들의 차지가 되었다. 처음에는 다른 직원들이 한국 사람들은 돈만 밝힌다고 별로 좋아하지 않았다.

한 번은 이런 일이 있었다. 매점에서는 판매할 초콜릿을 직접 만들기도 했는데, 재료를 녹여서 일단 시럽을 만들고 그것을 틀에 부어 완성하기 전까지 시럽이 굳지 않도록 계속 저어주어야 했다. 그런데 그날은 한 직원이 일을 하고 있던 중간에 퇴근 시간이 됐다며 일이 마무리 되지도 않았는데 그냥 가버렸다. 나로서는 도저히 이해가 되지 않았다. 시럽을 틀에 붓지 않고 그냥 저렇게 두고 가면 다 굳어서 못 쓰고 버리게 될 것이 분명했다. 그곳 직원들은 그걸 당연하게 생각했다. 그러나 나는 눈앞에 일이 보이는데 도저히 그냥 버려두고 갈 수가 없었다. 그래서 대신 시럽을 젓기 시작했다. 잠시 후 매니저가 오더니 당장 그만 두고 나가라고 했다. 오버타임 체크를 미리 못한 것이 걸리면 자기가 곤란해진다는 것이었다. 내가 야간 수당을 챙기려고 일부러 그러고 있는 줄 알았던 모양이다. 나는 수당은 필요 없고 하던 일만 마무리하고 갈 거라고 했다. 매니저는 고개를 갸우뚱거렸다. 지금까지 나 같은 직원은 없었다는 것이다. 그날 이후로 매니저는 물론이고 현지 직원들도 나를 책임감이 강한 사람이라며 칭찬했다. 그러면서 한국 연수생들에 대한 이미지도 점차 좋아지기 시작했다. 동료가, 회사가 어려움에 처할 수 있는 상황인데도 당장 내 일이 아니라고 외면하기보다는 지금 내가 그들을 도우면 나도 언젠가 도움을 받는다는 생각으로 협력하다 보면 좋은 결과가 따라온다는 것을 그때 깨달았다.

내 친동생은 중고차 매매업을 한다. 중고차 매매소에 가면 구역을 나눠서 '마당'이라고 하고 마당마다 딜러들이 몇 명씩 공동으로 영업을 한다. 그런데 그들 사이에 경쟁이 치열하다. 서로를 경쟁자로만 생각하니 손님을 두고 신경전이 벌어지기도 하고 고참 딜러들이 신참들에게 텃세를 부리는 경우도 많다. 그런데 내 동생이 고참이 된 후로는 마당 분위기가 화기애애하게 변했다. 경쟁적인 분위기를 서로 협력하는 분위기로 바꾸어놓은 것이다. 동생한테 온 손님이 찾는 차종이 없으면 다른 딜러를 대신 소개하기도 하고, 새로 들어오는 신참에게도 친절하게 대했다. 동료끼리 잘 지내보자는 의미로 단합대회도 주기적으로 가졌다. 그렇게 인간적으로 친해지고 서로 영업도 도와주니까 분위기가 좋아질 수밖에 없다. 손님들도 분위기가 좋은 쪽으로 본능적으로 끌리게 되어 있다. 그렇게 장사까지 잘 되니까 다른 마당 딜러들도 다 부러워한다고 한다.

이 경우처럼 사업을 할 때 동종 업종끼리 경쟁보다 협력을 하면 여러 가지로 도움을 더 받으면 받았지 손해 볼 건 없다. 오히려 서로 필요 이상의 출혈 경쟁을 하다가 공멸하는 경우도 종종 있다. 세계 경제에서 막강한 파워를 자랑하는 유대인에 버금가는 부를 축적한 중국의 온주상인들은 같은 고향 사람들끼리는 같은 업종으로 경쟁하지 않는다는 상생과 협력의 원칙으로 크게 성장한 것으로 유명하다. 우리도 그런 점은 배워야 한다.

중국에서 패션 주얼리 사업을 처음 시작하고 한 동안은 자리를 잡지 못하고 굉장히 어려웠다. 그때 어떤 분들은 나를 자기 밥그릇 넘보는 애송이 취급을 하는 반면, 어떤 분들은 크고 작은 도움을 주셨다. 그분들 덕분에 자리를 잡을 수 있었고 성장의 기회를 잡을 수 있었다. 내가 패션 주얼리 업체인 '참패션'을 창업한 2006년 당시는 홍콩쇼에 참가한 업체의 부스마다 바이어들이 줄을 서서 오더를 내릴 정도로 호황기였다. 일단 사무실만 내고 영업을 시작하면 금방 대박이 날 것 같은 분위기였다. 무엇보다 당장 가진 돈이 없어도 시작할 수 있는 일이라 나에겐 더욱 매력적으로 다가왔다. 내 소유의 공장이 없어도 현지 공장에서 샘플을 받아다가 영업을 하고 오더를 따서 발주를 하면 되는 일이었다. 그런데 막상 공장을 찾아서 샘플을 구하려니 선뜻 내주는 곳이 없었다. 한 마디로 널 어떻게 믿고 샘플을 주냐는 식이었다. 그들의 그런 태도도 이해는 할 수 있었지만, 내 입장에서는 바이어를 만나 영업을 하려면 샘플이 있어야 하는데 그게 없으니 난감한 상황이었다. 그럼에도 샘플을 주는 사장님이 계시긴 했다. 공장 사정이 워낙 안 좋아서 언제 문을 닫을지 모르는 회사였지만, 그래도 샘플이 없어 발만 구르던 내게는 너무나 고마운 분이었다. 직접 샘플을 들고 홍콩쇼에 갈 돈이 없어서 사진을 찍어서 이메일로 바이어에게 보내는 것이 고작이었지만 '참패션'이라는 간판을 유지할 수 있는 원동력이었다.

변변한 오더 없이 3년 정도를 버텼다. 바이어들의 잔심부름에 가까운 제품 검수 일과 제품을 생산하는 다른 회사의 영업을 아르바이트 삼아 일당을 받고 도왔다. 그렇게라도 해야 사무실 운영비가 나왔다. 어떤 회사의 사장님은 나를 홍콩쇼에 통역으로 데리고 가기도 했다. 그러면 나는 부스에서 해외 바이어들을 상대로 열심히 그 회사 제품을 영업했다. 통역만 해도 내 할 일은 다하는 것이지만, 어려울 때 아르바이트 거리라도 주는 것이 고마워서 내 회사 일처럼 열심히 했다. 그러니 나를 데려간 사장님은 흡족할 수밖에. 월급 많이 줄테니 아예 자기 회사로 들어오라는 제안을 하기도 했다. 그러나 나는 내 이름을 건 사업체를 포기할 마음이 없었다. 결국 그렇게 버틴 덕분에 큰 기회를 잡을 수 있었다. 2008년 세계 금융 위기 당시 중국 내 패션 주얼리 업계가 큰 타격을 입었다. 그때 우리 회사는 규모가 작은 덕분에 오히려 불황의 영향을 덜 받아 살아남을 수 있었고, 문을 닫은 다른 업체들을 대신해 프랑스의 프로모션 아이템 공급 업체로부터 큰 오더를 따내면서 급성장하게 되었다. 그 후로 몇 년간 정신없이 돈을 벌었다.

그렇게 열심히 돈을 벌다가 요즘은 일을 줄이고 중국에는 1년에 서너 번만 들어가서 큰 거래건만 처리하고 있다. 한창 돈을 벌 때에 비하면 적다고 할 수 있지만, 시간적으로는 훨씬 여유로워져서 책도 쓰고 강연도 하면서 지내고 있다. 이런 나를 보고 주변에 돈 좀 벌었다고 하는 분들이 너는 어떻게 그렇게 자기 시간을 가지면서 여유롭게 사느냐며 부러워 한다. 우리나라는 돈을 아무리 벌어도 현직에 있으면 쉬지를 못한다. 젊어서도 고생하고 나이 들어서도 고생이다. 나는 그분들에게 돈 벌만큼 벌었으면 이제 그만 좀 쉬라고 말씀드린다. 그러면 서운해 한다. 어떤 의미에서 그분들이 좀 딱해 보일 때가 있다. 물론 나도 돈에 대한 욕심이 참 끝이 없다고 느낄 때가 있지만, 죽을 때까지 일만하고 돈 벌어 봐야 뭐하겠는가? 조금씩 젊은 사람들과도 함께 나눌 준비를 하면서 삶의 여유를 가지는 것이 더 좋지 않을까.

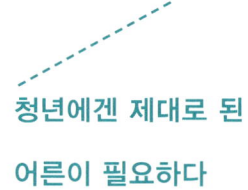

청년에겐 제대로 된 어른이 필요하다

우리 사회에서 청년 일자리 문제가 심각해진 것은 기성세대의 잘못도 크다. 따라서 기성세대 역시 일정 부분은 책임감을 가지고 개선해보려는 의지를 가져야 한다. 기성세대의 달라진 모습 없이 청년들에게만 노력하라고 하는 것은 형평성에 어긋나지 않는가 말이다.

얼마 전 서울에서 살던 50대가 시골에 내려가 자발적인 가난을 실천하고 있다는 기사를 보았다. 그는 22년간 기자로 열심히 일하다가 어느 순간 '그만 벌자'라는 생각에 직장에 사표를 내고 나왔다. 그리고 그동안 벌어서 모은 5억이 조금 넘는 돈으로 오피스텔 두 채를 구입해 임대를 주고 남은 돈으로 시골에 땅을 사서 전원주택을 지었다. 더 이상 돈 벌기를 그만둔 그는 월 120만 원의 임대수입만으로 생활을 꾸려나가고 있다. 도시에서 살던 소비 습관 그대로 살면 120만 원의 생활비는 턱없이 부족한 금액이지만, 덜 쓰고 안 쓰기를 실천하면 그럭저럭 버틸만한 금액이다. 조금 불편하겠지만 그는 그런 불편한 생활에 만족하며 행복한 백수의 삶을 살고 있다.

그 기사에 달린 댓글을 보니 임대업을 할 정도면 돈도 많을 텐데 무슨 가난 체험이냐며 진짜 가난한 사람들을 놀리는 거 아니냐고 화를 내는 사람들이 많았다. 그런데 나는 이 문제를 그렇게 볼 것이 아니라고 생각한다. 사람의 욕심은 끝이 없어서 대부분은 지금 돈을 벌고 있으면서도 더 벌고 싶어 한다. 그런 욕심은 돈이 많은 사람일수록 더 큰 법인데, 돈이 돈을 번다고 가진 자산으로 투자를 하거나 사업을 하면 더 많은 수입을 올릴 수 있기 때문이다. 그런데 그런 기회를 스스로 포기한다는 것은 그만큼의 기회를 다른 사람에게 준다는 의미도 된다. 욕심을 버리고 시골로 내려가 검소한 귀촌 생활을 한다면 칭찬할 일이지 비난할 일이 아니다. 기성세대에 이런 사람이 더 많이 늘어났으면 좋겠다. 일할 만큼 하고 벌 만큼 벌었으니 이제 좀 여생을 편안하게 즐기면서 젊은 사람들에게 기회를 주라는 얘기다.

더구나 20년 넘게 직장 생활해서 모은 5억 원 정도를 가지고 부자니, 자산가니 하고 말하는 것 자체가 모순이다. 여러분이 어렵게 취업을 해서 20년 열심히 일하면 가질 수 있는 돈이 그 정도다. 여러분의 미래 그 이상도, 이하도 아니다. 상황에 자기 자신을 대입해보면 이야기는 쉬워진다. 이제 막 회사에 취업한 당신은 20년 후에 하던 일을 그만두고 더 이상의 돈 벌기를 포기하고 최소한의 소비만으로 여생을 살 자신이 있는가? 무엇보다 당신의 일할 기회를 다음 세대의 젊은이를 위해 기꺼이 양보할 수 있겠는가?

우리 사회에서 일자리 나누기 문화가 자리를 잡지 못하는 이유도 서로 협력하기보다는 경쟁하는 심리가 작용하기 때문이 아닌가 생각한다. 정부의 노동개혁안이 재계와 노동계 모두의 반발을 사면서 통과가 되지 않는 이유도 각자가 손에 쥔 것을 내려놓지 않기 때문이다. 조금씩만 양보하고 타협하면 모두가 행복할 텐데 조금이라도 자신이 손해를 보게 될까봐 쉽게 물러서지 않는다. 노사 관계야말로 경쟁이 아닌 협력의 관계가 되어야 한다. 조금씩만 욕심을 줄이고 함께 잘 사는 사회가 되었으면 좋겠다.

PART

02

크고 안정된
것을 버리고

작고 강한 것을
선택하라!

스펙 학원으로 전락한 대학들

우리나라 중·고등학교가 입시학원보다 못한 취급을 받은 지 오래다. 좋은 교사란 아이들의 인성과 사회성을 책임지고 가르치는 사람이 아니라, 높은 성적을 기록하고 상위권 대학에 더 많은 아이들을 보내는 사람이 되어버렸다. 어쩌다 이렇게 되어버렸는지, 그 꼬인 실타래를 풀어내려면 어떻게 해야 할지, 뾰족한 해답을 누구도 속 시원히 내놓지 못하고 있다.

미국은 오후 서너 시면 학교 수업이 끝나고 대부분 집에 간다. 우리나라 학교가 아이들을 밤늦은 시간까지 야간자율학습이라는 명목으로 붙들고 있는 것과는 대조적이다. 그곳에서는 정말 대학갈 아이들만 공부시킨다. 우리처럼 그야말로 모두 다 대학에 집어넣으려고 억지로 붙들어 놓고 공부시키지 않는다. 그러다 보니 평균 수학 수준은 미국이 우리보다 떨어진다. 그런데도 세계적인 과학자를 배출시킨다. 우리나라에서 노벨상 수상자가 나오지 않는 이유로 지금의 교육 형태가 창의력을 죽이고 있기 때문이라는 지적이 어제 오늘 나온 말은 아니지 않나. 우리는 문제를 내고 답을 푸는 과정 한 가지를 가르쳐 그걸 그대로 익힐 때까지 공부시키는 시스템이라면, 미국에서는 문제를 던져주고 길만 제시할 뿐 답을 구하는 방법을 알려주지 않는다. 그러니 답을 구하는 방법도 하나가 아니라 여러 가지가 나올 수 있다. 그 과정에서 새롭고 창의적인 방법들이 도출된다.

이렇듯 우리 사회의 청년들이 스스로 사고하는 능력이 현저히 떨어지는 것은 이런 교육 환경의 영향이 크다. 그런데 마냥 환경 탓만 할 수도 없는 게 그러면 본인의 의지는 어디 있느냐는 것이다. 남들과 다르고 싶고 좀 특별하고 독창적으로 살고 싶어도 결국은 엄마 때문에, 환경 때문에 그렇다는 핑계를 대면서 원하지 않지만 다들 가는 길로 따라간다. 그러다 보니 경쟁만 치열하고 답도 못 찾고 삶의 의미도 없는 것이다.

대학에 들어가도 사정은 마찬가지다. 스펙을 쌓기 위해 비싼 등록금을 내고 다니지만 전공 공부는 그저 학점 관리를 위한 수단일 뿐이다. 졸업 후 전공과 관련한 업종에 취업하는 비율은 절반도 안 된다. 특히 인문계열의 경우에는 더욱 심하다. 사정이 이렇다 보니 교수들도 이제는 취업률로 평가받는다. 중·고등학교 선생님은 문제와 답을 다 알려주지만, 대학 교수는 답보다는 조언과 방향을 제시해야 하는 사람이다. 선생님과 교수님이라는 말의 의미 차이가 거기에 있다고 생각한다. 그런데 우리나라는 교수에게도 답을 가르치라고 한다. 그러니 아이들이 사회에 나가서 문제를 스스로 해결하는 능력이 현저히 떨어지는 것이다. 가정에서도 엄마가 해주는 것만 받으면서 자라고, 학교에서도 해결해주는 답만 주워 먹어서 그렇다.

대학에 입학해서도, 그리고 졸업 후에도 사교육이 계속되는 셈이다. 최근 뉴스에 따르면 취업 준비생들의 스펙을 쌓기 위한 사교육비가 한 달 평균 130여만 원이고 많게는 수백만 원씩 쓰는 경우도 있다고 한다. 이제는 중·고등학교 공교육 정상화를 넘어 대학 교육 정상화에 대해서도 논의해야 할 상황에 이르렀다. 외모도 스펙이라고 '취업 성형'이라는 것도 유행이라고 한다. 뭔가 잘못되어도 단단히 잘못되었다.

이렇게 끊임없이 공부하고 힘들게 스펙 쌓기를 하면서도 정작 자신이 살아갈 방향에 대해서는 무엇을 어떻게 해야 할지를 잘 모른다. 우리 사회의 문제점에 대해서 이야기하고 인생의 방향 설정에 대해서도 함께 고민할 사람이 필요하다. 사회 전반적으로 그런 분위기가 형성되어야 한다고 생각한다. 아무리 우리 사회가 잘못되었다고 말해도 개인의 힘으로 전체를 바꿀 수는 없다. 그러니 뜻있는 사람들이 힘을 모아야 한다. 요즘은 학교 이외의 공간에서 스펙 쌓기와는 상관없이 자신의 꿈을 찾고 비전을 공유하기 위한 모임이나 프로그램들이 그래도 많이 생겨나고 있다. 토익 학원이나 자격증 관련 학원을 다니는 것도 좋지만 인생의 다양한 경험을 직간접으로 체험할 수 있는 그런 프로그램을 찾아보는 것도 많은 도움이 될 것이다.

나의 어려웠던 학창시절과 취업, 창업 등의 경험, 그리고 청춘들에게 하고 싶은 이야기를 담은 첫 번째 책이 나온 후 여러 곳을 다니면서 강연을 하고 독자들과 이야기를 나눌 기회가 있었다. 그때 많은 청년들에게 실패와 성공의 경험을 공유하고 적절한 조언을 해줄 사람이 필요하다고 느꼈다. 그러면서 나는 감히 내가 그런 역할을 하고 싶다는 꿈을 갖게 되었다. 청년들과 만나 이야기할 수 있는 기회를 좀 더 많이 만들고 싶다. 그것이 저작 활동이 됐든, 강연이 됐든, 혹은 포럼 같은 형태의 모임이 됐든 말이다.

그렇게 내가 해야 할 일들에 대한 비전을 세우고 있던 중 캐나다로 한 달 정도 여행을 겸한 영어 학원 탐방을 다녀오게 되었다. 그동 안 사업을 하면서 유창하지는 않아도 해외 바이어들을 상대로 의사소 통하는 데에는 전혀 문제가 없었기 때문에 단순히 영어 공부를 목적으 로 간 것은 아니었다. 사실 어학연수는 핑계고 낯선 나라에서 자신도 되돌아보고 차분히 앞으로의 계획을 세워보려는 의도가 더 컸다. 물론 우리나라나 중국과는 또 다른 선진국의 문화를 체험해보자는 취지도 있었다. 그런데 막상 가서 얻은 가장 큰 성과는 어학연수를 온 20대 젊은 친구들과 많은 대화를 나눌 기회였다. 그들에게서 그 또래가 현 실적으로 고민하고 있는 것은 무엇인지, 그들은 어떤 생각을 가지고 고민을 해결하기 위해 노력하고 있는지를 직접 들어볼 수 있었다. 그 러면서 평소 내가 책이나 강연을 통해 청년들에게 해주고 싶은 이야 기를 들려주었고, 그들이 내 이야기에 공감하는 모습에서 내가 하려 는 일이 틀리지 않았다는 확신을 얻게 되었다.

스펙에
주눅들지 마라

나는 주위 분들에게 내 작은 소망에 아이디어도 주고 동참도 하시고 충고도 해달라는 말씀을 자주 드린다. 풍부한 인생 경험을 지닌 퇴직자 분들이 많다. 그런 분들이 해줄 수 있는 얘기가 분명 있다. 지금도 몇몇 분들은 사회적인 활동을 하면서 노력하고 있는 것을 잘 안다. 그분들이 청년들과 좀 더 가깝고, 현실적인 조언을 해줄 수 있는 만남의 장을 만들고 싶다. 이런 것들이 당장은 돈은 안 될지도 모른다. 그러나 보람도 있고 의미가 있는 일이라 생각하고 함께 해나갔으면 한다.

청년들에게 당부하고 싶은 말은 스펙에 연연하지 말고 스스로 기회를 잡으라는 것이다. 스펙은 있으면 좋지만, 그것 때문에 다른 기회를 버리지는 말아야 한다. 대학이라는 과정 역시 내 인생에 있어 가장 의미 있고 가장 활발한 인생의 경험의 장으로 활용해야지, 단순히 대학 간판을 얻고 학점을 따고 스펙을 쌓기 위한 과정으로만 생각하지 않았으면 좋겠다. 자신이 속한 상황에서 어떤 것이 최선일지 늘 고민했으면 하는 바람이다.

실전에서 통하지 않는 토익점수는 필요 없다

대학 졸업 당시 지방대학교 졸업장을 제외하고 내가 가진 유일한 스펙은 900점대의 토익점수였다. 졸업 후 바로 취직을 할 수 있었던 것도 토익점수 덕이 컸다. 내가 이런 얘기를 하면 혹시 토익 고득점 비결이라도 알려주지 않을까 기대하는 사람들이 있는데, 그런 건 딴 데 가서 알아봐라. 그러나 이 얘기 하나는 해줄 수 있다. 실전에서 통하지 않은 토익점수를 딸 바엔 차라리 그 시간에 딴 공부를 하라는 것이다.

이렇게 말하면 자기는 토익 공부해서 점수 땄으면서 무슨 소리냐고 하겠지만, 방점이 실전에 있다는 것을 알아야 한다. 요즘에는 너도 나도 토익 공부를 하기 때문에 고득점자가 많다. 사람을 뽑는 회사 입장에서도 토익 점수 자체로는 변별력이 없게 되었다. 토익 점수는 참고가 될 뿐 절대적 기준이 되지 못한다. 오히려 토익 점수만 믿고 사람을 뽑았는데 실전에서는 말 한마디도 제대로 못하면, 뽑아놓고도 난처한 지경에 처하게 된다. 회사 입장에서는 그때 가서 무르자고 할 수도 없는 노릇 아닌가. 다시 말해, 토익은 토익대로 준비하되 점수만 잘 받기 위한 공부가 되지 않도록 하라는 것이다.

대학 입학 후 나의 첫 번째 목표는 영어였다. 해외 영업 쪽 일을 해 보고 싶은 마음으로 그에 대한 대비를 한 것이기도 했지만, 일단 영어가 다른 어떤 것보다 재미있었다. 동기들을 보니까 학원에 다니면서 공부하는 것 같은데 당시 나는 학원 다닐 형편도 아니었고, 택시 운전 아르바이트를 하느라 시간도 부족했다. 그런데 이른 아침에 택시 운전을 하면서 라디오를 켜면 〈굿모닝 팝스〉 같은 방송이 나왔다. 입담 좋은 유명 영어강사의 방송 진행에 푹 빠져 방송을 들으면서 손님이 없을 때는 영어 문장을 소리 내어 따라해 보기도 했다. 그러다 보니 점점 영어에 대한 흥미가 더해갔다. 진행자는 영어를 잘하려면 외국인 앞에서 주눅 들지 말고 자기가 아는 만큼만 이야기하면 된다며 자신감을 심어주었다.

한 번은 생방송으로 진행되는 영어 청취 퀴즈에 운 좋게 내가 연결이 되었다. 택시에 손님이 타고 있었는데 양해를 구하고 퀴즈를 풀었다. 그날따라 영어 문제가 귀에 쏙쏙 들어왔고 나는 정답을 쉽게 맞혔다. 라디오 생방송에 전화 연결이 된 것도 신기한데 문제까지 맞혀서 진행자의 축하를 받게 되니 기분이 너무 좋았다. 뒤에 타고 있던 손님도 "기사님 영어 잘하시네요." 하면서 함께 흥분하며 기뻐해주었다. 이런 경험들이 영어에 대한 흥미를 계속해서 갖게 만들었던 것 같다. 무엇보다, 내가 영어를 좀 잘하나? 하는 자신감이 생기니 본격적으로 영어 공부를 해야겠다는 생각이 들었다.

나는 우선 문법책을 사다가 혼자서 공부하기 시작했다. 생각보다 어렵지 않았다. 그러자 내 실력이 어느 정도나 되는지 객관적으로 평가해보고 싶어졌다. 그래서 덜컥 토익 시험에 응시했다. 생각보다 높은 점수가 나왔다. 따로 시험 준비를 한 것도 아닌데 결과가 좋으니까 그때부터 본격적으로 공부 욕심이 나기 시작했다. 제대로 준비하면 고득점도 거뜬할 것 같은 자신감이 생겼던 것이다. 아무래도 나한테 부족한 부분은 회화인 것 같아서 영어회화 학원 초급반에 등록했다. 아침에 택시를 몰면서 학원까지 다니는 것이 힘들었지만 시간을 쪼개고 쪼개 열심히 다녔다.

이른 아침인데도 영어회화 초급반에는 사람이 많았다. 내 또래의 학생들도 있었고 직장인들도 많았다. 나는 그들을 보면서 '다들 열심히 사는구나. 나도 열심히 살아야지' 하는 생각을 했다. 그런데 얼마 지나지 않아 나는 회화 학원 초급반의 진실을 알게 되었다. 개강을 할 때만 해도 사람이 바글바글 했는데, 일주일 정도 지나니까 그 수가 현격히 줄어들었다. 한 달 동안의 수강 기간 동안 하루도 빠짐없이 학원에 나오는 사람은 거의 나뿐이었다. 나는 사람들이 이해가 되질 않았다. 비싼 학원비를 냈으면 당연히 끝까지 다녀야지 중간에 그만둬 버리면 학원비만 날리는 건데 아깝지 않은 것일까? 그런데 나중에 학원 사람들 얘기를 들어보니 원래 다 그렇다고 했다. 초급반을 마치고 중급반으로 올라가서 보니 거긴 아예 처음부터 사람이 별로 없었다. 오죽하면 학원에서는 초급반만 열심히 돌려도 장사가 된다고 했다. 중급반은 그저 구색을 맞추기 위해 개설해놓은 듯했다.

이러니 내가 비판적이 될 수밖에 없다. 힘들다, 힘들다 하고 사회 탓 남 탓은 잘 하면서 자신의 게으름은 탓하지 않는다. 지방이라서 그렇지 서울은 다르다고? 좀 나은지는 모르겠지만 태반은 사정이 비슷할 것이다. 학원에 가면 사람은 붐비지만 그중에 정말 열심히 하는 사람은 소수고, 결국 소수의 사람들이 취직도 되고 성공도 하는 것이다.

어찌되었든, 그렇게 열심히 하면서 제대로 실력을 갖추고 토익 시험을 봤더니 900점대가 쉽게 나왔다. 그 다음부터는 택시 운전을 그만두고 과외 아르바이트를 시작했다. 몸도 덜 고되고 시간적 여유도 생겨서 공부에 더 매진할 수 있었다. 그러자 학점도 잘 나와서 장학금으로 학교를 다닐 수 있었다. 뭐든 열심히 하면 그만한 대가가 따르게 마련이다.

당신이 말하는
노력의 기준을 점검해라

열심히 했는데 안 된다고? 그렇다면 내가 생각하는 '열심히'의 기준이 너무 낮은 수준은 아닌지 생각해봐야 한다. 사회생활은 학교생활과는 비교도 안 되게 높은 수준의 실력과 노력을 요구한다. 그러한 요구에 부흥할 수 없다면, 이름뿐인 스펙 쌓기는 무의미하다.

내 영어 실력을 객관적으로 평가한다면 그렇게 훌륭한 수준은 아닐지 모른다. 최근에 어학연수를 가서도 느꼈지만 아직도 내 회화 실력은 결코 훌륭하다고 말하긴 힘들다. 그러나 회사 입사 후 해외 영업을 하면서 영어 때문에 의사소통에 불편을 겪지는 않았다. 확실히 영어가 졸업 후 사회에 성공적으로 진출하는 데 도움이 되었다. 그러나 영어가 전부는 아니다. 이 말의 뜻은 사회생활을 조금만 해보면 알게 될 것이다. 그러니 숫자에 불과할 수 있는 토익점수에 목매기보다는 실전에서 통하는 진짜 실력을 쌓기 위해 노력하길 바란다.

남을 위하는 것이
나를 위하는
길이기도 하다

나는 최근에 캐나다 벤쿠버로 여행을 다녀왔다. 명목상 어학연수의 목적도 있었지만 더 늦기 전에 새로운 세상을 더 경험하고 오자는 의미가 컸다. 그곳에서 어학연수 중인 우리나라 20대 초중반 친구들을 운 좋게 만나 그들과 진지한 대화를 나눠볼 기회가 있었다. 그동안 강연을 통해 많은 청년들을 만났지만, 이렇게 젊은 친구들 여럿과 같은 민박집에 머물면서 한 명 한 명씩 얘기를 나눠보고 또 그룹으로도 이야기를 나눠본 것은 흔치 않은 경험이었다.

대화를 하면서 그들이 가진 고민들에 대해서 들을 수 있었는데, 그 때 의외의 사실을 알았다. 벤쿠버에 연수를 온 친구들 상당수가 한국 유학원에 너무 많은 돈을 내고 온다는 것이었다. 1년을 기준으로 1천만 원 이상을 내고 오는데, 터무니없이 비싼 가격이다. 이렇게 비싼 이유가 유학원이 자기들 몫으로 챙기는 커미션 때문이다. 무작정 유학원 말만 믿고 와서는 들인 돈이 있으니 프로그램이 마음에 안 들어도 1년 동안 다른 데도 못가고 꼼짝없이 한 곳에 묶여 있다가 돌아가는데, 그 사이에 영어 실력도 그다지 늘지 않고 무엇보다 다양한 경험을 할 기회가 많지 않아서 쓸데없이 돈과 시간만 허비하는 경우가 허다하다고 했다.

나는 그 말을 도무지 이해할 수가 없었다. 그렇게 하고 돌아간 학생들이 한두 명이 아닐 텐데 유학원을 통한 어학연수가 돈 낭비, 시간 낭비라는 것을 왜 사람들이 모를까 하는 생각이 들었던 것이다. 유학원을 통하지 않고는 어학연수가 불가능하냐면 그것도 아니다. 누구나 자유롭게 가서 스스로 알아보고 자신에게 맞는 코스를 선택할 수 있다. 이번에 나도 직접 가서 이것저것 알아보고 2주일 단기 코스로 등록했더니 금새 분위기 파악이 되었다. 얼마든지 돈과 시간을 절약해서 자기 나름의 어학연수를 알차게 꾸밀 수 있을 것 같았다. 그래서 내가 유학원을 통해 왔다는 애들한테 이렇게 얘기했다.

"너희들이 이렇게 손해 본 것을 주위 친구들한테도 알려줘라. 유학원 통할 필요 없이 나처럼 직접 단기 코스로 와서 이것저것 경험해보면 돈과 시간을 허비하지 않는다."

그랬더니 농담 반 진담 반으로 이렇게 대답하는 것이었다.

"나만 손해 볼 수는 없죠."

순간 할 말을 잃었다. 이래서 오랜 폐단이 고쳐지지 않고 답습되는 것이구나 싶었다. 아무도 나서서 고치려고 하지 않는다. 불안하니까 유학원에 기대려는 심리도 이해하고, 자신의 실패와 낭비를 사람들에게 알리고 싶지 않은 심리도 이해한다. 하지만 이건 좀 아니지 않나?

내가 만약 주변에 어학연수를 가겠다는 사람이 있으면 이렇게 말할 것이다. '일단 비행기를 타라. 그리고 현지에서 이것저것 알아보고 필요한 과정을 밟으면 된다. 조금 고생되더라도 그렇게 해야 시간도 돈도 절약하고 더 많은 것을 배워올 수 있다. 유학원을 통해 가도 결국은 다 자기 하기 나름이다. 스마트폰으로 구글맵을 이용하면 대중교통 이용해서 어디든지 혼자 다닐 수 있지 않느냐.'

이런 얘기가 널리 퍼지지 않는 이유가 무엇일까 생각해봤다. 몇 가지 이유가 있는 것 같다. 첫 번째는 앞서 얘기한 것처럼 나만 손해 볼 수 없다, 너도 당해봐라 하는 심리. 두 번째는 그저 귀찮은 것이다.

남이야 손해를 보든 말든 내가 나설 필요가 있나 싶은 것이다. 세 번째는 내 말을 듣고 유학원을 통하지 않고 간 친구가 잘 안 되면 곤란해질까 걱정이 되어서 그럴 것이다. 괜히 좋은 일 하려다가 오히려욕만 먹을까봐 두려운 것이다. 그러나 반대로 생각하면 내가 정보를알려줌으로써 그 친구가 돈도 절약하고 기간에 상관없이 알차게 어학연수를 하고 왔다면 기쁜 일이 아니겠는가?

함께 해야
성공도 빠르다

우리나라 사람들은 직접 나서서 남을 돕는 일에 인색하다. 좋은 의도가 왜곡되어 받아들여지거나 결과가 안 좋을 때 자신에게 책임이돌아오지는 않을까 두려워하기 때문이다. 하지만 무슨 대단한 일을하라는 것이 아니다. 내 입장에서 지인들이나 혹은 미리 알려만 주면곤란함을 피할 수 있는 타인들에게 알고 있는 지식과 정보를 나누는정도는 얼마든지 할 수 있는 일 아닌가. 누군가에게 도움을 주고 나면 고맙다는 인사도 받게 되고, 또 그렇게 자기 사람을 만들 수 있는것이다. 설사 결과가 좀 안 좋더라도 선의를 갖고 도움을 주려고 한 사람을 크게 나무랄 이는 드물 것이다. 만약 그렇다면 그 사람의 인성을 의심할 수밖에 없다.

정 자기가 알고 있는 사실을 그냥 알려주는 것이 혼자 손해 보는 것 같고 싫으면, 그 정보를 활용해서 사업을 해도 된다. 이 부분에 대해서는 뒤에 창업 아이템과 관련해서 좀 더 자세히 다루겠지만, 일단 유학이나 연수 정보 공유에 대한 부분만 놓고 이야기하자면 대형 유학원에서 가져가는 커미션의 반값만 받고 현지에서 저렴하고 알차게 활용할 수 있는 어학원이나 홈스테이 정보를 팔 수도 있다. 1년이나 비싼 돈 주고 먼 나라에 어학연수를 다녀온 경험을 다양하게 활용하지 못하고 기껏해야 토익 점수 몇 점 더 올리고서 남들과 똑같이 이력서나 쓰고 앉아있는 게 답답하다. 그저 이력서에 한 줄 써 넣기 위해 아까운 청춘의 한 때를 낭비하는 것은 너무 비효율적이지 않은가? 그런 친구한테 영어로 말해봐라, 어학연수 가서 뭘 느꼈느냐, 거기서 살면서 앞으로 무엇을 하며 살 수 있을지 구상해봤냐 등을 물어보면 대부분은 대답을 잘 못한다. 그런데도 여전히 이런 식의 연수를 권장하거나, 잘못됐다는 것을 아무도 일깨워주지 않는다.

자기 돈 들이고 가는 어학연수 대신 돈도 벌면서 영어도 배울 수 있는 워킹홀리데이도 있지 않은가. 그런데 최근에는 안 좋은 뉴스도 있었다. 워킹홀리데이에 참가한 학생들이 혹독한 노동착취를 당하거나, 여학생들은 성추행까지 당한 일이 있었다는 보도였다. 물론 일부의 일이겠지만, 이 땅의 젊은이들이 영어를 배운다는 명목으로 남의 나라에 가서 왜 그런 취급을 받아야 하는지 모르겠다. 그러면서 외국물 먹고 왔다고 뭐라도 된 줄 안다면 그건 또 얼마나 답답한 노릇인가? 영어라도 제대로 배워왔으면 모를까, 다녀와서 회화 한 마디 못하는 사람이 태반이다. 결국 그 시간 동안 세월만 허비한 것이다. 얼마나 허망한 짓인지 본인들이 더 잘 알 것이다. 창피한 줄 알아야 한다.

이제는 단순히 스펙 쌓기로 시간 낭비, 돈 낭비하는 어학연수가 아니라 직접 부딪혀 가며 경험을 쌓는 합리적이고 지혜로운 과정이 되었으면 좋겠다.

어찌되었든, 경험은 힘이 세다

　어학연수가 됐든, 배낭여행 됐든 간에 대학 졸업 후 취업이 되기 전까지 할 수 있는 경험은 최대한 해보라고 권하고 싶다. 이력서에 한 줄 적어 넣을 스펙을 위한 것이 아닌 진짜 인생의 자산이 될 소중한 경험을 쌓기 위해서 말이다.

　미국 디즈니월드 인턴십을 마치고 돌아온 후 나는 좀 더 넓은 세상을 경험하고 싶은 욕구가 커졌다. 그래서 대학 졸업을 앞두고 유럽으로 배낭여행을 떠나기로 했다. 그런데 역시 한 달 정도 일정으로 여행 계획을 세우다 보니 경비가 문제였다. 처음에는 학교에서 받은 장학금에 조금만 보태면 충분히 다녀올 수 있을 줄 알았는데, 생각했던 것보다 유럽에 가는 데 드는 비용이 만만치 않았다. 기왕에 다녀오기로 마음먹은 이상 포기하고 싶지는 않았다. 그때 생전 처음으로 학자금 대출이라는 것을 받았다. 대학에 다니는 내내 학업과 아르바이트를 병행하며 힘들게 살아오면서도 한 번도 받지 않았던 학자금 대출을 배낭여행을 가려고 신청한 것이다. 그러자 주변에서는 나보고 미쳤다고들 했다. 그도 그럴 것이, 요즘이야 대학생들의 해외여행이 흔한 일이 되었지만 당시만 해도 그렇게 일반적인 일은 아니었기 때문이다. 더구나 형편도 안 좋은 녀석이 빚까지 내서 해외여행을 간다고 하니 이상해보일 수밖에. 그렇지만 어쩐지 그때 다녀오지 않으면 후회할 것 같은 생각이 들어서 남들이 뭐라 하든 그대로 일을 추진했다.

한 번 꼭 가야겠다고 작정을 하고 나니까 마음이 급했다. 비행기표를 2~3일 만에 구해서 유럽행 비행기에 올랐다. 그렇게 도착한 유럽에서 그야말로 갖은 고생을 다했다. 미리 이것저것 알아보고 준비를 했어야 했는데 그러지 못했기 때문이었다. 더구나 추운 겨울이었다. 돈도 많이 가져가지 못해서 하루 종일 빵 하나 물 한 병으로 버티면서 무거운 배낭을 메고 돌아다녔다. 그래도 여기저기 닥치는 대로 돌아다니면서 많이 보고, 많이 배운 시간이었다.

여행 중 가장 기억에 남는 일이 있다. 프랑크푸르트에서 본의 아니게 잠깐 노숙을 한 적이 있었다. 저녁에 도착했는데 눈이 너무 많이 내려 교통이 다 끊긴 상태였다. 비싼 호텔에 투숙할 형편도 안 되니, 어쩔 수 없이 기차역에서 하룻밤 노숙을 하게 되었다. 끼니 때우기도 힘들고 차비가 없어 학교까지 걸어 다니는 가난한 학창 시절을 보냈지만 그래도 노숙을 한 적은 없었다. 머나먼 이국땅에서 다시는 못해 볼 경험을 하게 된 것이다. 사람들이 웬 동양인 거지가 저러고 있나 싶었는지 호기심 어린 눈초리로 힐끔힐끔 쳐다보는 것이 느껴졌지만 이상하게 창피하거나 기분 나쁘지 않았다. 오히려 마음이 편하고 여행 중에 잊지 못할 추억 하나 만드는 것 같아 기분이 좋았다. 어차피 이곳에서는 아무도 나를 모르고, 그렇게 스쳐 지나가면 기억할 사람도 없을 거라는 생각에서 그랬는지도 모르겠다.

그 경험은 내게 참으로 새로운 느낌이자, 깨달음이었다. 나는 지금도 그때를 떠올리며 사람이 창피할 각오를 하면 못할 일이 없다는 생각을 자주 하곤 한다. 우리는 속된 말로 '쪽 팔릴' 것 같고 괜히 잘못하면 욕먹을 것 같은 걱정 때문에 망설이고 머뭇거리게 된다. 그러다 정말 해야 할 일을 못하거나 좋은 기회를 놓치기도 한다. 그래서 얼굴이 두꺼워야 성공한다고들 하는 모양이다. 우리나라 사람들은 특히 더 남의 시선을 의식하는 경향이 있다. 그런데 그런 사람들도 밖에만 나가면 용감해진다. 낯선 사람들 속에서 찾아오는 묘한 안도감 때문인 것 같다. 내가 프랑크푸르트 역에서 노숙을 하면서 느꼈던 것과 비슷한 감정일 거라고 생각한다. 한국에서는 지인들이 알아볼까 봐, 혹은 체면 때문에 곧 죽어도 험한 일은 못하겠다던 사람도 미국이나 캐나다로 이민 가서는 빨래든 청소든 닥치는 대로 일을 하는 것을 종종 보게 된다. 한국이라는 울타리가 우리들의 행동에 방해요소로 작용하고 있는 것은 아닌지 한 번쯤 생각해볼 문제다. 이것은 우리 사회의 전반적인 분위기 탓이다. 이것을 개인적인 차원에서 해결하기 위해서는 많은 경험과 체험을 통해 극복하는 수밖에 없다. 책상 앞에 앉아서 쌓은 스펙보다 경험이 소중한 이유가 바로 여기에 있다. 내가 일단 무작정 해외로 나가보라고 하는 이유이기도 하다.

목돈을 들여 완벽하게 계획을 세워 나갈 생각하지 말고, 일단 형편되는 대로 가까운 곳부터 가서 직접 부딪치면서 배우고 경험해라. 유럽이나 북미 등 선진국에 나가는 것도 좋지만 그보다 나는 소위, 우리나라보다 좀 못 사는 나라에 가서 그곳의 가능성을 보고 오는 것을 더 추천한다. 아무 생각 없이 놀고 오는 여행이 아니다. 미래의 나를 위한 계획과 비전을 내다볼 수 있는 기회가 되어야 한다.

개인적으로 추천하고 싶은 여행의 형태가 몇 가지 있다. 먼저 가까운 동남아시아 국가들의 단기 봉사활동 프로그램을 활용하는 것이

123

다. 단순히 즐기는 여행이 아니라 보람과 경험을 함께 얻을 수 있는 소중한 시간이 될 것이다. 다음은 우리에게 잘 알려지지 않은 중국의 지방 도시들을 여행하는 것이다. 중국은 우리가 알고 있는 것보다 훨씬 다양한 모습을 가진 나라다. 대도시의 화려한 모습과 아직 개발이 안 된 지방도시의 풋풋함이 공존하는 나라다. 직접 가서 보고 오는 것만으로도 중국이라는 나라를 이해하는 데 많은 도움이 될 것이다. 마지막으로 추천하고 싶은 여행은 홍콩을 비롯한 각 국가들에 있는 전문 시장이나 관심 분야 박람회 투어다. 홍콩에 주얼리쇼가 있듯이 나라별로 다양한 분야의 박람회들이 매년 열린다. 요즘은 여행사에서도 박람회 투어라는 상품을 내놓고 있다. 굳이 여행사를 통하지 않더라도 인터넷으로 관련 정보 수집만 잘 하면 저렴한 가격으로 자유 여행을 다녀올 수 있다. 물론, 어떤 여행이든 안전이 가장 먼저 고려되어야 한다.

아직도 성공 사례는 많다, 안 된다는 생각을 거둬라

삶의 다양한 경험을 반드시 해외에서만 해야 하는 것은 아니다. 국내에서도 얼마든지 가능하다. 이때 중요한 것은 정해진 틀에 자신을 가두지 않는 것이다. W 스피치커뮤니케이션 우지은 대표의 사례는 틀을 벗어난 경험의 힘이 얼마나 중요한지 말해준다. 아나운서 출신 인 우 대표는 어렵게 들어갔고, 남들이 부러워하는 안정된 방송국을 더 큰 꿈과 목표를 위해 20대 중반에 과감하게 사표를 쓰고 나왔다. 결코 쉬운 결정이 아니었을 것이다. 그리고 그녀는 아나운서 출신이 라는 스펙 한 줄에 연연하지 않고 보다 다양한 경험을 실천하기 시작 했다. 과거 스피치 학원을 다녔던 기억을 떠올려 무작정 종로에 있는 한 학원을 찾아가 스피치 강의를 하고 싶다고 부탁했다. 그렇게 처음 으로 강의를 시작한 우 대표는 이후 기업체 이미지 메이킹 강사, 방송 MC, 리포터, 각종 드라마와 영화, CF 출연 등의 다양한 경험을 쌓았 다. 그러한 다양한 경험과 이력이 바탕이 되어 '보이스 트레이닝'이라 는 새 장르를 개척하고 네 권의 책까지 내기에 이르렀다. 그리고 책 이 베스트셀러가 되면서 지금의 W 스피치커뮤니케이션이 탄생하게 되었다.

우지은 대표는 자신의 이야기를 하면서 인생의 터닝포인트와 티핑 포인트에 대해서 강조한다. 그저 물처럼 흘러가는 평범한 일상으로 는 터닝포인트와 티핑포인트를 만들 수 없다. 남들과는 다른 특별한 사건과 경험이 그러한 전기를 마련한다. 그래서 경험은 때론 과감한 결단과 용기를 필요로 한다. 남들이 다 하는 평범한 경험보다는 남들이 하지 못한 새롭고 특이한 경험들이 가치를 가지기 때문이다. 인생에서 소중한 가치들이 무엇인지, 우선순위에 두어야 할 것이 무엇인지 잘 생각해보길 바란다.

내 편을 많이 만들어라

주변에 적이 많은 사람이 되지 말고 내 편이 많은 사람이 되어야 한다. 그러기 위해서는 기본적인 예의를 갖춘 사람이 되어야 한다. 지켜야 할 예절이 많지만, 나는 그중에서도 사람들 많은 곳에서 공개적으로 남 흉보는 일은 절대로 하면 안 된다고 생각한다. 실은, 이게 기본 중에 기본인데 쉽게 무시하는 사람들이 많다. 남 흉보면서 친해진다는 말도 있긴 하지만 남 흉을 잘 보는 사람치고 신뢰감을 주는 사람도 드물다.

내 경우에는 누가 남에 대해서 안 좋은 얘기를 하면 그것에 맞장구를 치기보다는 가끔은 도리어 그 욕먹는 사람을 옹호해 주기도 한다. 그러면 당장은 사람들이 무안해하고 혼자 잘난 척 한다고 재수 없어 할지도 모르지만, 나 같은 사람이 많아지면 함부로 남 욕 하고 다니는 사람이 줄어든다. 그리고 결국엔 그 사람들도 내가 다른 데 가서 자기 흉을 볼 사람은 아니겠구나 하는 생각을 갖게 되고, 그것이 호감과 신뢰로 이어진다. 내 편은 그렇게 자연스럽게 만들어지는 것이다.

실제로 성공한 사람들의 모임에 가보면 남에 대해서 안 좋게 얘기하는 사람이 별로 없다. 오히려 다른 사람의 장점이나 본받을 점들을 이야기한다. 그게 서로에게 더욱 발전적이기 때문이다. 그런데 보통은 모임에 가면 남 험담을 안주 삼아 늘어놓는 사람들이 많다. 그중엔 차마 입에 담지 못할 험한 말을 섞어 가며 난도질을 해대는 사람들도 있다. 그런 사람들을 보면 그게 결국 자기 흉이 된다는 걸 모르는 것 같아 나는 안타깝다. 성공한 사람과 성공하지 못한 사람의 차이는 그런 태도의 차이에서 오는 것이라는 생각을 더욱 하게 된다.

물론 사는 게 힘드니까 사람이 공격적으로 변할 수 있다는 것도 인정한다. 그렇다고는 해도 지위고하를 막론하고, 혹은 나이를 떠나서 공손한 태도와 존중하는 마음을 보여주는 사람을 싫어할 이는 없다. 그런 사람 주변에는 저절로 사람이 모인다. 그렇게 내 편인 사람을 만느는 섯이고, 내 편이 많아질수록 힘든 일을 이겨낼 힘도 생겨난다. 정중하고 예의바른 사람은 어딜 가나 환영받게 마련이다.

사업을 하려면 인맥이 중요하다는 말을 많이 한다. 그래서 골프도 치고 술자리도 많이 갖는다. 그런데 골프 한두 번 같이 치고 술 몇 번 마셨다고, 그걸로 무슨 대단한 인맥인 듯 말하는 것처럼 실속 없는 짓도 없다. 기분 좋게 술잔을 부딪칠 때는 뭐든 다 들어줄 것처럼 말하다가도 정작 사업상의 일이나 영업과 관련한 부탁을 하면 '네가 뭔데?' 하는 식으로 나오기 십상이다. 나도 사업 초창기에는 멋도 모르고 그런 식으로 접근했다가 상처를 많이 받았다. 또한 그런 식의 접근이 깊은 인간관계를 형성할 리 없다.

사업을 하다 보면 외국인들도 많이 만나게 되는데, 그들도 쓰는 언어만 다를 뿐 똑같은 사람이다. 외국 바이어들을 만날 때 처음에는 영어로 대화해야 한다는 부담감 때문에 마음을 열고 다가간다는 것이 쉽지 않았다. 또 그들과 우리의 문화 차이 때문에 내가 하는 행동이나 말을 그들이 혹시 다른 뜻으로 오해하거나 기분 나쁘게 여길까봐 걱정도 했다. 그렇지만 겪어보니, 마음속에 있는 말을 담아두지 않고 솔직하게 의사 표현을 하는 것이 그들과 가장 잘 소통하는 방법이라는 사실을 깨닫게 되었다. 특히 '고맙다' '미안하다' 등의 표현은 항상 정확하게 해주는 것이 좋다. 확실하게 그 마음이 전달될 때까지

129

몇 번이라도 해야 한다. 우리나라 사람들은 이상하게 이심전심以心傳心이라는 말을 좋아한다. 그래서 표현을 잘 하지 않아도 상대방이 알아서 자기 마음을 헤아려 주길 바란다. 그러나 비즈니스로 만난 상대에게만큼은 이심전심이 통하길 바라지 말고, 될수록 정확한 표현으로 의사를 전달해야 한다.

인맥뿐만이 아니라 우리 인생에서 하루아침에, 또 억지로 만들어지는 것은 별로 없다. 앞에서도 잠깐 언급했듯이 그저 잠깐 같이 일을 하거나 노는 것으로 그 사람을 어찌 다 알겠는가. 적어도 1, 2년은 그 사람과 어울려 봐야 한다. 이런 일, 저런 일 겪으면서 조금씩 알아가는 것이 사람이다. 당장 내 주위에 있는 사람에게 특별한 목적 없이 조언을 아끼지 말고, 하나라도 진심으로 더 챙겨주려고 노력해야 한다. 그것이 진정한 친구를 만드는 가장 빠르고 좋은 방법 중 하나다.

무엇보다 진심을 다해 상대방을 존중하고 예의바르게 행동해야 한다. 서양인들은 우리의 수직적 문화와 달리 수평적 문화에 익숙한 사람들이다. 그래서 어른이고 아이고, 부를 때는 똑같이 "Come here"이고, 존칭 대신 이름을 부르는 것이 익숙하다. 그들 문화에서는 그게 자연스럽다고 여겨진다. 그래서 우리도 서양 사람을 부를 때는 이름 부르기를 당연한 것처럼 생각한다. 그런데 나는 나이가 많은 사람을 부를 때 일부러 "Sir"나 "Mister" 같은 존칭을 붙여서 부른다. 처음에는 그들도 익숙하지 않은 호칭에 어색해하더니 그것이 어른에게 항상 공손하고 깍듯하게 대하는 한국식 예절이라고 설명하면 오히려 기분 좋게 받아들인다. 외국 사람들도 공손한 대접을 받으면 좋아한다.

그래서 나는 지금도 외국 바이어들을 대할 때 최대한 예의를 갖추고 손님으로서 극진히 대접하려고 노력한다. 어떤 사람들은 일대일의 동등한 비즈니스 관계에서 굳이 그렇게 머리를 숙일 필요가 없다고 말한다. 많은 중국인들은 비즈니스 관계에서 상대방에게 머리를 숙이지 않는다. 심지어 자신이 무슨 실수를 해도 입으로는 미안하다, 유감이다 하면서도 진심어린 사과를 잘 안하기로 유명하다. 잘못을 했으면 솔직히 인정하고 그에 대한 책임을 지는 자세가 필요한데 그런 태도가 부족하다. 금전적으로 자신에게 손해가 될 일은 절대로 하지 않는다. 실수는 실수이고, 받아갈 건 다 받아가겠다는 태도다. 상대가 사정을 봐줘도 고마움의 표시도 잘 하지 않는다. 중국에서 사업을 할 때 그들의 그런 태도 때문에 곤혹스러울 때가 한두 번이 아니었다. 그러나 나는 절대로 그렇게 하지 않았다. 혹시라도 내가 잘못한 것이 있으면 설사 내가 손해 보는 일이 있더라도 최선을 다해 보상을 하려고 노력했다.

예를 들어, 외국에서 들어온 오더가 있는데 제품 생산에 착오가 생겨 납기일이 촉박해지면 배로 보낼 것을 항공편으로 보내서라도 납기를 맞췄다. 운임료가 훨씬 비싸기 때문에 배보다 배꼽이 더 큰 상황이 벌어지기도 했지만, 우리 실수 때문에 상대가 피해를 보면 안 되기 때문에 그렇게 했다. 그리고 바이어에게도 정중한 태도로 사과를 하고 그런 사정을 솔직하게 이야기하면 오히려 내게 미안해하면서 고맙다는 인사를 했다. 이런 태도의 차이 때문에 바이어들이 5~10% 싼 중국 업체 대신 내게 오더를 더 많이 주었던 것이다. 낯선 외국 땅에 가서 적응하고 살려면 우선 주변 사람들부터 내 편으로 만들어야 하는데, 말 한마디 잘못해서 관계를 그르칠 수 있으니 항상 조심해야 한다.

사업과 직접적인 연관은 없더라도 다양한 모임을 통해 많은 사람을 만나는 것도 중요하다. 나는 여러 모임 중에서도 공부 모임을 좋아한다. 그런 모임에 나오는 사람들은 뭔가 하나라도 더 배우려 하고, 발전하려고 노력하는 사람들이다. 그런 사람들과 어울리면 나도 더 열심히 해야겠다는 자극을 받는다. 인맥에도 질이 있다는 말을 실감한다. 단순한 친목 모임도 물론 좋다. 인생의 즐거움을 공유한다는 것이 얼마나 기쁜 일인가. 술자리도 좋다. 좋은 안주에 기분 좋게 술 한 잔 기울이면서 수다를 떨면 일상에서 쌓인 스트레스가 풀린다. 그런데 그런 모임은 어쩌다 한 번이 좋은 것이지, 자주 하다 보면 좀 허무해진다. 돈 써가며 몸 축내가며 열심히 나가봤자 몇 번 만나고 나면 하는 얘기도 서기서 서기고 점점 재미도 덜해진다. 반면에 공부모임은 일정 기간 동안 함께 시간을 보내면서 서로에 대해서 알아갈 수 있다. 토론을 통해 각자의 진지한 생각을 들어볼 기회도 많다. 그러다 친해지면 골프도 치고, 술도 마시고 하는 것이다. 그렇게 이어진 인연은 쉽게 끊어지지도 않을뿐더러 서로의 속 깊은 사정을 공유하며 도움을 주고받을 수도 있다. 물론 거기에는 전제조건이 있다. 어떤 목적이나 이익을 위한 것이 아니라, 진심으로 인간 대 인간으로 다가가야 한다는 것.

내가 존경하는 형님 중에 검사장을 하는 분이 계신다. 내게 인생의 많은 가르침을 주는 분이다. 일단 공직에 계신 분이기 때문에 나와 사업적인 이익 관계로 얽힐 일도 없다. 그래서 오히려 더 부담 없이 어려운 일이 있으면 먼저 연락을 해서 조언을 듣기도 한다. 그만한 위치에 있으면 권위의식이 있을 만도 한데, 전혀 그러지 않으신 분이다. 내가 그 형님보다 나이도 어리고 사회적인 위치에서도 차이가 나지만 그것 때문에 사람을 하대하거나 차별하지 않는다. 그러다 보니 그분 주변에는 좋은 이들이 항상 많다. 언제나 내 편이 될 수 있는 사람들인 것이다. 인복人福이라는 것이 타고난 복이라기보다는 그 사람의 평소 말과 행동으로 인해 결정된다는 생각을 나는 그 형님을 통해 다시금 깨달았다. 그분을 통해 인간관계에서 중요한 것이 무엇인지

133

본질적인 부분에서 많이 배우고 있다.

　사회에서는 전혀 접점이 없을 것 같은 검사장과의 만남은 2012년 연세대학교 AMP(최고경영자 과정)에서 시작되었다. 평소 지방대학교를 나온 콤플렉스 같은 것은 없었지만, 그래도 기본적으로 공부에 대한 욕심이 있었다. 처음에는 대학원에 들어갈까 하는 생각도 했다. 하지만 대학원에 들어가려면 시험 준비를 해야 하는데, 사업을 하면서 그럴 시간을 따로 내기는 부담스러웠다. 그래서 들어간 곳이 AMP 과정이었다. 입학 전 담당 교수인 강영기 교수님과 면접을 봤다. 출신 학교나 사업 규모, 사회적 지위 등을 고려하면 내 경력이 부족해보일 수도 있었다. 그래도 교수님은 그런 나의 과거와 현재보다는 미래의 가능성을 높이 평가해주셨다. 덕분에 입학을 할 수 있었고, 더욱 자신감을 다질 수 있었다.

　나는 그곳에서 너무나 소중한 인연들을 많이 만났다. 그동안 사업을 하면서 만나던 분들과는 또 다른 다양한 분야에서 활동 중인 소위, 사회지도층이라 할 만한 인물들이었다. 처음에는 그런 분들과 잘 어울릴 수 있을까 걱정도 많이 했는데 다들 인품이 훌륭하신 분들이라 친절하게 대해주셨다. 무엇보다 다들 성실한 분이셨다. AMP라고 하면 대충 돈만 내고 타이틀만 따는 곳이 아니냐고 오해하는 사람들이 있는데, 그렇지 않다. 무엇보다 출석이 중요하다. 낮에 바쁘게 일하다가 저녁 늦게 와서 강의를 듣는다는 것이 말처럼 그리 쉬운 일이 아니다. 정말 성실하지 않으면 수료하기 힘들다. 수료 자체에 자부심을 가질 만하다.

AMP의 수업은 인문, 사회, 역사, 세계 경제, 국제관계 등 다방면에 걸쳐 이루어졌다. 모두가 흥미롭고 수준 높은 커리큘럼이었다. 그중에서도 국제관계는 평소 내가 관심이 많은 분야이기도 했다. 기회가 된다면 북한과 중국을 비롯한 동북아 정세에 대해서 본격적으로 공부해보고 싶다. 특히 중국에서 오랫동안 사업을 하면서 피부로 느꼈던 점들을 이론적인 설명과 함께 들으니까 그렇게 재미있을 수가 없었다. 사실 그때까지만 해도 중국에서의 사업에 많이 지쳐있던 상태라 다 접고 나오고 싶은 마음이었다. 그러나 수업을 들으면서 중국의 무한한 가능성과 앞으로 국제사회에서 가지게 될 위상이 점점 더 높아질 것임을 확인할 수 있었고, 새삼 내가 가고 있는 길이 맞는 방향이구나 하는 확신이 생겼다.

함께 수업을 듣는 분들 중에도 중국 상황에 대해서 궁금해 하는 이들이 많았다. 그런데 그중에서 중국 현지에서 사업을 하며 경험을 쌓은 사람은 나밖에 없었다. 사람들의 이목이 내게 쏠렸다. 나는 내가 경험하고 느낀 것들을 가감 없이 말씀드렸다. 그런 생생한 이야기들이 인상적이었던지 수업 후에도 내게 이것저것 물어보는 분들이 많았다. 사실 나는 그때까지만 해도 살면서 누구에게 의존하기보다는 스스로 부딪혀가며 문제를 해결해온 스타일이라 인생의 멘토라고 할 만한 분들이 딱히 없었다. 그런데 AMP에서의 경험은 나 또한 이제야 멘토라고 할 만한 분들을 만날 수 있게 했다. 그 어느 것보다 값진 자산이 생긴 듯 든든했다.

함께 공부하고 발전적인 이야기를 나누면서 좋은 사람들을 만날 수 있는 기회는 스스로 만들어가야 한다. 최근에 나는 AMP에서 만난 인연 덕분에 '(사)수요포럼인문의숲'이라는 모임에 참여하게 되었다. 수요포럼은 상고 졸업 후 삼성생명에 입사해 보험료수입 1위의 신화를 쓴 배양숙 대표님이 사재로 만든 사회공헌 프로그램으로, 다양한 계층의 비즈니스 리더를 대상으로 한 인문학 강좌다.

수요포럼은 2세 경영인들을 위한 토론 세미나인 YEF에서 시작되었다. 기업가들을 주요 고객으로 하는 배 대표님은 경영 1세들에게 재정 상담을 해주던 중에 그들의 2세에 대한 고민을 듣게 되었다. 어렸을 때부터 사업하는 부모님 돈으로 어려움 없이 살다보니 소위 문제아가 된 자식들이 많다는 것이다. 그런 자식에게 회사를 물려줄 생각을 하니 걱정이 많을 수밖에 없다. 많은 중견기업들이 2세에게 상속되는 과정에서 기업가치가 많게는 90%까지 하락한다고 한다. 이것은 경영자 당사자에게도 불행한 일이지만 기업에 속해있는 임직원들에게도 불행한 일이다. 리더의 결정이 기업 하나를 살릴 수도, 죽일 수도 있다. 따라서 그들이 '성공 경험의 함정'에 빠지지 않고 올바른 결정을 할 수 있도록 제대로 된 교육을 시켜야 한다는 취지로 2세 경영자들을 위한 인문학 강좌와 토론 세미나를 하게 된 것이다.

경영과 관련한 기술은 교육기관에서도 배울 수 있고, 사업 현장에서도 배울 수 있다. 그러나 우리 사회에서 인성을 가르치는 곳은 없다. 이미 학교가 그 기능을 상실했고, 밥상머리 교육이라고 하는 가정교육도 입시에 떠밀려 실종된 지 오래이기 때문이다. 최근 들어 인문학 열풍이 불고 있는 것도 이러한 현상과 무관하지 않다. 인문학이라는 것은 인간에 대한 이해를 위한 학문이다. 인문학을 통해 가장 기본적인 것부터 차근차근 쌓아가자는 것이다. 인간에 대한 이해는 나에 대한 이해로부터 시작되어야 한다. 그런데 요즘 젊은 친구들은 일단 자신이 무엇을 좋아하는지, 무엇을 잘 할 수 있는지, 무엇을 해야 하는지, 잘 모른다. 그런 친구들에게 좋은 강연, 좋은 토론 모임이 있다면 꼭 시간을 내서 참석해보라고 권하고 싶다.

10년 쯤 후에 나도 내 이름을 건 학당을 하나 만들고 싶은 꿈이 있다. 젊은 친구들을 모아서 강연도 하고 함께 토론도 하는 그런 모임을 서울이 아닌 지방에서 하고 싶다. 그런 점에서 수요포럼의 배 대표님은 나에게 롤 모델과도 같다.

수요포럼 멤버 중에 한 분은 의류 사업을 하시는데, 그 형님은 자기 회사 제품을 항상 멤버들에게 선물로 보내주신다. 그분은 본인 스스로 사람들과 어울리는 것을 좋아하지 않는다고 말씀하시지만, 그래도 조용히 주변 사람들 챙기는 모습을 보면 누구라도 호감을 갖게 된다. 선물이라는 것이 그렇다. 크고 작음을 떠나서 나를 잊지 않고 챙기는 그 정성에 감동한다. 당장 내가 큰 도움을 줄 수는 없어도 나중에 좋은 기회가 생기면 제일 먼저 그 사람이 생각나고 하나라도 더 챙겨주고 싶은 마음이 생기는 것이다. 떠들썩하게 사람들과 어울려야만 좋은 인간관계가 형성되는 것은 아니다.

내 편을 만드는 일은
어렵지 않다

모든 사업, 모든 장사가 그렇다. 억지로 영업을 하려 하고 물건을 팔려고 하면 오히려 사람들이 부담스러워한다. 대신 상대방에게 항상 관심을 가지고 말 한 마디라도 힘이 되는 얘기를 해주면서 요즘 필요한 게 뭔지 알아서 챙기면, 그게 바로 내 편을 만드는 일이다. 내 편이 되면 그 사람들이 알아서 입소문도 내주고 소개도 해주면서 영업을 대신해준다. 또 직접 나서서 뭘 해주지 않더라도 좋은 사람들을 많이 알고 있으면 그 사람으로 인해 나에 대한 평가도 저절로 좋아진다. 그런 것이 진짜 인맥이다.

이처럼 좋은 사람들과 함께 하다 보면 사업적으로나 영업적으로 도움을 받는 일이 자연스럽게 생기게 된다. 그렇게 해서 돈을 벌면 그걸 또 좋은 일에 쓰면 된다. 좋은 사람들끼리 좋은 의지를 가지고 하는 일에는 반드시 좋은 결과가 따른다고 나는 믿고 있다. 결국 내가 어떤 사람들을 만나고 어떤 사람들과 대화를 나누는지에 따라 나의 수준도 결정되는 것이다.

처음부터 '노는 판'의 사이즈를 키우는 것도 방법이다

한국에서는 일자리가 없어서 난리지만 중국에서는 사람이 없어서 난리다. 중국이 인구가 그렇게 많은데 일할 사람이 없다니 무슨 소리냐고 할지 모르겠지만, 중국에 진출한 한국 기업들은 중국인 직원을 관리하면서 함께 회사를 이끌어갈 유능한 한국인 직원을 항상 찾고 있다. 또한 최근 중국에서 서비스업이 발달하면서 관련 분야에서 일할 직원에 대한 수요가 폭발적으로 늘고 있는 데 반해 제대로 된 서비스 마인드를 갖춘 훈련된 직원을 구하는 일은 여전히 어려운 실정이다. 서비스도 받아본 사람이 더 잘 할 수 있다. 그래서 한국에서 온 숙련된 직원은 언제든 환영이다. 한국에서 경력을 조금만 쌓아가면 중국 현지 직원들을 교육시키는 매니저급으로도 취업이 가능하다.

해외 취업이 어려워보여도 길은 얼마든지 있다. 한국에서 취업 준비할 때 다들 한 번씩 보는 취업포털사이트 같은 것이 외국에도 다 있다. 그런 사이트를 몇 개만 찾아서 살펴보면 괜찮은 일자리가 많다는 사실을 알 수 있다. 영어에 대한 자신감만 조금 있다면, 한국에서는 그리도 안 열리던 취업의 문이 의외로 쉽게 열릴지도 모른다. 두드리지도 않는데 알아서 열리는 문은 없다.

취업뿐만 아니라 사업을 염두에 둔다고 하더라도, 미래 가능성을 놓고 보면 한국보다는 중국이 유리할 수 있다. 중국 시장이 워낙 크다 보니 이제 우리나라도 어떤 분야가 됐든지 간에 중국인을 상대하지 않으면 장사가 안 된다. 오죽하면 '슈퍼차이나'라는 말이 등장했겠는가. 우리가 중국 시장의 가능성에 대해서는 이미 일이십 년 전부터 꾸준히 이야기하고 있는데, 중국이라는 나라는 생각하고 움직이면 아직도 '따먹을 수 있는' 과실이 많은 곳이다. 그 좋은 기회의 땅을 버려두고 좁은 한국 땅에서 일자리가 있네, 없네 하는 것이 사고의 그릇이 작다고밖에 생각할 수 없는 것이다.

중국에서는 아직도 한국적인 것이 먹힌다. 중국에 가서 한국 식

141

당을 하면 장사가 된다. 한국 물건을 떼다가 마트를 해도, 된다. 과자 하나도 불티나게 팔린다. 한국식 찜질방도 핫 아이템이다. 하다못해 붕어빵을 구워서 한국 전통 과자라고 이름 붙여 팔아도 대박이 난다. 뭐든 한국 색채가 나는 장사를 하면 통하는 시장이다. 워낙에 많은 중국 관광객들이 한국에 와서 한국 제품을 사가고 또 한국 브랜드들도 중국에 많이 진출해 있으니까 이제 가면 늦은 것 아닌가 생각할 수 있겠지만, 몇몇 대도시를 제외하면 아직도 우리가 들어가서 '해먹을 수 있는' 곳이 많다. 무슨 소리인지 가보면 안다.

지금은 청도도 북경이나 상해 같은 대도시처럼 발전했지만, 내가 중국에서 사업을 시작할 때만 해도 이제 막 개발이 시작될 때였다. 그때 나는 아는 한국인 후배와 함께 작은 마트를 열어 대박을 터트렸다. 처음부터 의도적으로 장사를 하려고 한 것은 아니고 우연한 기회에 그렇게 됐다. 내가 청도에서 사업을 하고 있을 때 후배가 놀러왔다. 청도 공항 근처에 이제 막 아파트 단지 같은 것이 들어서고 있을 무렵이었다. 후배와 함께 근처 공원에 놀러 갔다. 중국 사람들이 저녁 시간만 되면 몰려 나와 운동도 하고 한쪽에서는 꼬치도 구워먹고 하는 곳이었다.

"여기서 장사하면 잘 되겠는데요?"

그 친구와 꼬치를 구워먹다가 나온 말이었다. 한국에서 영업사원으로 일하고 있던 후배가 살기 힘들다는 얘기를 하던 중에 자기도 중국에 들어와서 뭐 할 것이 없겠냐며 이야기를 나누던 차였다. 아닌게 아니라 공원에 사람이 이렇게 많은데 음료수 하나만 팔아도 꽤 잘 팔릴 것 같았다. 말이 나온 김에 의기투합한 우리는 당장 가게 터부터 알아보기 시작했다. 그때 후배는 처음 봤던 그 장소에 가게를 내자고 했다. 사람들이 많은 것이 누가 봐도 거기가 명당일 것 같아 보였다. 하지만 나는 반대했다. 사람은 많지만 구매력이 있는 사람들은 아니라고 판단했기 때문이다. 내가 추천한 장소는 사람들이 많은 공원에서는 떨어져 있어 한산하지만, 주변에 새로 지은 아파트가 있는 곳이었다. 그곳 주민 중에는 한국 사람들도 꽤 있었다. 그들이 갈만한 마트가 하나쯤은 있어야 할 것 같았다. 아나 다를까 가게를 열자마자 물건들이 불티나게 팔려 나갔다. 한국산 음료수와 과자류, 그리고 간단한 생필품을 골고루 갖춰놓은 것이 대박의 요인이었다. 분명 수요가 있을 거라고 생각했던 내 예상이 딱 들어맞은 것이다.

사실 처음 시작할 때는 물건을 어디서 떼는지도 잘 몰랐다. 그래서 다른 소매점에서 조금씩 사다가 구색만 맞췄다. 음료수 하나를 1,000원에 떼다가 900원에 파는 한이 있어도 일단은 시작했다. 그랬더니 나중에는 도매상들이 물건을 싣고 알아서 찾아왔다. 나는 이미 중국에서 하고 있는 사업도 있었기에 투자만 하고 가게 운영은 파트너인 후배가 맡아서 했는데, 내게도 매달 꽤 짭짤한 수입이 들어왔다. 지금은 청도에도 대형 마트가 많이 생겨서 한국 물건 구하기가 쉬워졌지만, 청도 외에 다른 지역은 여전히 한국 물건을 파는 작은 마트 하나가 필요한 곳이 수도 없이 많다. 요즘도 중국 관광객들이 한국에 들어와서 화장품이나 과자 같은 것을 싹 쓸어 사가는 것을 목격한다. 중국에 가지고 들어가서 한국에서 산 소매가에 두 배씩 가격을 붙여서 팔아도 장사가 되기 때문이다. 그걸 우리가 하면 된다. 기회는 만들기 나름이다.

중국뿐만이 아니다. 한때 브라질에서 '메로나'가 대히트를 쳐서 화제가 된 적이 있었다. 우리나라에서는 동네 슈퍼에서 사먹는 대중적이고 값싼 아이스크림이지만, 브라질에서는 꽤나 고급 아이스크림 대접을 받는 모양이다. 한국에서도 한때 크게 인기였던 메로나의 독특한 식감과 향이 브라질 사람들에게도 통한 것이다. 그런데 메로나가 브라질에 처음 진출한 것은 제품을 생산하는 회사의 정식 수출에 의한 것이 아니었다. 브라질에 거주하는 한 교민이 한국에 들어왔다가 메로나 맛을 보고는 브라질에서도 잘 팔릴 것 같다는 생각에 개인적으로 구입해 가지고 가서 팔기 시작한 것이 메로나 열풍의 시초였다.

이처럼 한국에서는 너무 평범해서 그게 될까 싶은 아이템들도 해외에 나가면 의외로 대박을 치는 경우가 종종 있다. 베트남에서 생수 판매를 한다거나, 말레이시아에서 한국 식당을 한다거나, 홍콩에서 부동산 중계를 하는 일 등이 얼마든지 가능하다. 가서 무엇을 할 수 있는지 미리 고민할 것도 없이, 일단 가서 보고 오면 답이 나온다.

내가 항상 해외에 나가보라고 강조하는 것은 기회가 제한적인 한국보다 그만큼 다양한 기회가 있기 때문이다. 단, 해외에 나가서도 1~2년 안에 승부를 보려는 조급한 마음은 버려야 한다. 사업을 하려면 자본과 기술도 필요하지만, 가장 중요한 것은 경험이다. 한국은 우리가 나고 자랐기 때문에 아무리 몰라도 기본 지식이라는 것이 있다. 정 힘들면 주변 사람들에게 물어보고 도움을 받을 수도 있다. 가족이나 친구에게 의지하고 의논할 수 있는 여지가 있다. 그런데 해외에 나가면 그럴 수 없다. 그래서 처음부터 무작정 사업을 시작하는 것은 위험하다. 그곳에서 최소 1년은 살면서 이것저것 경험하고 알아보고 시작해야 한다.

극단적인 예를 하나 들겠다. 어떤 한국인이 하던 사업이 잘 안되니까 다 정리하고 남미로 이민을 갔다. 거기서 새로 사업을 해보려고 이것저것 살펴보던 중에 재밌는 사실을 발견했다. 그 나라만 유독 세숫대야나 바가지 같은 플라스틱 제품이 비싸게 팔리고 있었던 것이다. 주변 국가에서는 비싸봤자 우리나라 돈으로 2,000원이면 살 수 있는 물건이 그곳에서는 거의 10배가 넘는 20,000원 정도에 거래되고 있었다. 이 사람이 생각하기에 플라스틱 제품들이 이렇게까지 비싸게 팔릴 이유가 없었다. 그래서 자신이 직접 생산원가를 계산해봤더니 1,800원 정도가 나왔다. 이걸 그 나라에서 팔리는 가격의 반값만 받고 팔아도 대박이 날 것 같았다. 그는 당장 여기저기 돈을 끌어모아 사출기계를 들여오고 원재료를 구입하는 등 제품 생산을 위한 준비에 들어갔다. 그런데 한 달도 안 되어서 경찰들이 동네 건달들과 함께 들이닥쳤다. 알고 보니 그 나라 지도층 인사가 제품 생산을 독점하고 있어서 다른 사업자는 생산도, 판매도 하지 못하고 있는 상황이었던 것이다. 비싸게 팔린 이유가 있었다. 결국 사업을 접을 수밖에 없었다. 억울하지만 생명의 위협까지 느끼는 상황이라 어쩔 수가 없었다. 그 나라의 은밀한 사정을 모르고 섣불리 덤벼드는 바람에 투자한 돈만 다 날리고 말았다. 겉으로 보이는 것만이 아니라 그 나라 내부의 깊숙한 배경까지도 알지 못하면 이런 낭패를 보게 된다. 그래서 미리 그곳에 살면서 이것저것 알아보고 경험을 해보는 일이 중요하다는 것이다.

중국의 경우도 모두 그런 건 아니지만, 일반적으로 일정 규모 이상의 사업을 하려면 중국인의 지분이 51% 이상이 되어야 한다. 그게 법으로 정해져 있다. 그래서 중국에 진출하려면 작은 가게 정도를 제외하고는 합작이 필요하고, 또 유리하다. 이러한 사정을 알고 나면 현지 파트너를 잘 만나는 것이 얼마나 중요한지 알게 된다. 특히 중국은 외부에서 아무리 유능한 사람을 데리고 들어가도 현지에서 힘 있는 사람을 이길 수가 없다. 설사 당장 힘으로 눌렀다고 하더라도, 시간이 지나면 야금야금 다시 잡아먹으러 들어온다. 그렇기 때문에 현지에서 어떤 사람과 파트너십을 맺느냐가 매우 중요한데, 그러한 판단은 시간과 경험을 투자하지 않으면 쉽게 내릴 수 없는 부분이다.

주의할 사항이 또 있다. 현지에서 만난 한국 사람에게 너무 의지하지 말라는 것이다. 정 없이 그게 무슨 소리냐고 할 수도 있겠지만, 실제로 외국에 나가서 사업하는 사람들이 '제일 무서운 게 한국 사람'이라는 말을 하곤 한다. 청도 같은 곳에 가면 이미 한국 사람들이 많다. 이들 중에는 물론 좋은 사람도 많지만, 운이 안 좋으면 진짜 질 나쁜 사람을 만날 수도 있다. 사람 심리라는 게 그렇다. 한국 사람이 별로 없는 어디 외진 곳에 가면 처음부터 조심하고 차근차근 하나하나 배워나가려고 하는 반면, 한국 사람이 많이 있는 곳에 가면 편하게 생각해버린다. 그래서 낯선 사람이라도 한국인이라면 일단 크게 경계를 안 하고 술자리 몇 번 하고 나서는 금방 형, 동생하면서 믿고 일을 진행하는 경우가 많다. 내가 첫 사업에 실패한 것도 중국에서 만난 한국 사람을 너무 믿은 탓이었다.

현지 사람들과의 관계에서 주의할 점은 잘난 척, 있는 척 하지 말라는 것이다. 우리나라보다 상대적으로 못 사는 저개발 국가에 가면 노골적으로 현지인들을 무시하는 한국 사람들이 있다. 상대방이 못 알아들을 것이라 여기며 한국말로 욕을 하거나, 모욕적인 언사를 하는 경우도 많다. 그런데 사람에게는 감이라는 것이 있어서 말은 못 알아들어도 상대가 자신에게 안 좋은 말을 하는지 좋은 말을 하는지 느낄 수가 있다. 자신을 무시하고 욕하는 상대에게 호감과 호의를 보여줄 사람이 있을까? 인간관계는 어디에서든 마찬가지다. 상대방에게 진심을 다해 대할 것, 예의 바르게 행동할 것 등의 기본적인 원칙은 해외에서도 똑같이 적용되어야 한다. 아니 오히려 더 철저해야 한다.

좋은 인간관계를 위해서도 그렇지만 안전을 위해서도 그렇다. 한국인들이 저개발국에 나가서 종종 범죄의 표적이 되는 이유에는 그 나라 사람을 대하는 태도의 문제에서 불거진 경우도 많다. 그냥 기분이 나쁜 것으로 끝나는 것이 아니라, 신체적인 보복이 있을 수도 있다. 그런 면에서 또 주의할 것이 돈 자랑하지 말라는 것이다. 특히 돈 좀 있는 철없는 유학생이나 세상 물정 모르는 이민자들이 어설프게 돈 자랑하다가 당하는 경우가 종종 있다. 현지 이민자들도 담장 높이 쌓고 경호원 몇 명씩 두고 살 정도 아니면, 아예 처음부터 가진 티를 내지 말아야 한다고 현실적인 조언을 한다. 그래서 일부러 튀지 않는 평범한 차를 몰고, 옷이나 액세서리도 수수하게 하고 다닌다고 한다.

사전에 이러한 사실을 잘 알고 가면 생활하는 데 여러 가지로 도움이 될 것이다.

그렇다고 지나치게 겁을 먹을 필요는 없다. 보안과 치안이 우리나라보다 상대적으로 안 좋은 것은 사실이지만, 실제로 가서 살아보면 자기가 하기 나름인 경우가 대부분이다. 선진국 중에도 범죄율이 높은 나라가 많다. 그러니까 꼭 해당 국가의 경제 수준만으로 범죄 노출 여부를 결정지을 수는 없다는 얘기다. 저개발국이라고 무조건 회피할 일은 아니다.

선진국 이민도 마찬가지다. 캐나다 벤쿠버에서 교민을 만나 이야기를 들어보니 대부분은 자식들을 위해 온 이민이라는 말을 많이 한다. 교육환경을 생각하면 굉장히 만족스럽다는 반응이다. 그런데 정작 본인들은 사는 게 심심하다고 말한다. 저개발국에 비해 이민자들이 들어가서 할 사업 아이템이 그리 많지도 않다. 그래서 한국인 지인들에게 이민을 권하지 않는다고 했다. 그런데 이건 표면적인 이유고, 그 이면을 들여다보면 경쟁적이고 않고 여유로운 자신들의 삶에 꽤 만족하면서 살고 있었다. 그들이 지인들에게 이민을 권하지 않는 이유는 새로 들어오는 이민자들이 물을 흐릴까봐 그렇다는 것이다. 그래서 조용히 자기 식구들만 부른다고 했다. 그런 생각이 한인사회에서 암묵적인 동의가 이루어져 있다는 것이다. 이러한 기존 교민 사회에 동화되려면 역시 돈 자랑은 금물이다. 보통 한국 사람들이 이민 올 때 돈을 많이 가지고 오는데, 오자마자 좋은 집, 좋은 자동차부터 사고 목에 힘주고 다니면 좋은 마음으로 도움을 주려는 사람은 안 붙고 돈을 노리는 사기꾼 같은 사람들만 붙는다고 한다. 결국 그 사회의 진면목을 볼 시간도 없이 실패하고 돌아가게 된다. 가장 좋은 방법은 한인 교회 같은 커뮤니티에 가서 정중한 자세로 도움을 요청하는 것이다. 처음이라 힘들다, 도와달라고 하면 여기저기서 도움을 준다. 그렇게 3~4년 정도 겸손하게 사람들과 어울리며 자기 일을 열심히 하다 보면 성공적으로 정착할 가능성이 높아진다. 그렇게 정착하고 나면 큰 걱정 없이 살 수 있다. 물론 이것은 내가 직접 경험한 것이 아니기 때문에 100% 그렇다고 말할 수는 없지만, 선진국이 됐든 저개발 국가가 됐든 간에 해외 정착을 위한 기본 원칙은 비슷하다고 본다.

해외에서 현지에 적응하면서 사업을 구상하기에 가장 좋은 방법은 역시 취업을 해서 직접 일을 해보는 것이다. 최근 우리나라의 청년 실업률은 유래가 없을 정도로 심각한 수준에 이르렀다. 특히 대학 졸업자 4명 중 1명꼴로 취업을 준비 중이거나, 포기한 것으로 한 조사 결과는 밝히고 있다. 이는 OECD 국가들 중에서도 상위권에 해당하는 수치로, 개인뿐만 아니라 국가적으로도 매우 큰 손실이 아닐 수 없다. 가장 왕성하게 경제활동을 해야 하는 20대 중후반 청년층이 이처럼 자신의 시간과 에너지를 낭비하고 있다. 국내에 원하는 자리가 없으면 적극적으로 해외로 눈을 돌려라. 특히 저개발 국가의 경우에는 우리나라처럼 고학력자의 수가 많지 않기 때문에 국내보다 더 경쟁력을 가질 수 있다.

한 10년 쯤 그곳에서 고생한다는 각오를 하고 나가는 것이 좋다. 지금 20대라면 앞으로 수십 년은 더 살 텐데 그중에 10~20년 외국에서 살아보는 것도 괜찮지 않은가? 글로벌 시대다. 그런데 우리는 아직도 문을 걸어 잠그고 한국에서만 생각을 하고 있다. 보다 다양한 기회를 위한 도전이 필요한 때다.

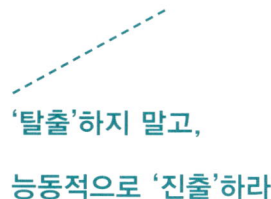

'탈출'하지 말고, 능동적으로 '진출'하라

현실 비관자들에게서 '헬조선'이라는 말이 나오면서 더불어 '탈조선'이라는 말도 나오고 있다. 어떻게 해서든 이 나라를 떠나겠다는 것이다. 이런 반응도 나쁘지 않다. 현실이 불만이고 주위 환경이 문제라고 생각한다면, 이 나라를 떠나 새로운 돌파구를 찾는 것도 좋은 방법이다. 그리고 기왕에 떠나는 거라면 그냥 조용히 떠나라. 이 나라에 다시는 안 오겠다고 욕하고 떠나봤자 자신에게 좋을 게 하나 없다. 사람 일은 모르는 것이다. 작정하고 떠나도 언제 다시 돌아오고 싶어질지 모르는 일이다. 미국 속담 중에 '지나온 다리를 태우지 말라'는 말이 있다. 떠나올 때는 다시 돌아갈 생각이 없었어도, 살다보면 어쩔 수 없이 다시 돌아갈 일이 생길 수 있고, 다시는 만나지 않을 것이라고 생각했던 사람도 뜻하지 않은 자리에서 다시 만날 수 있으니, 극단적인 이별은 하지 말라는 뜻이다. 그러니 기왕에 떠날 것이라면 '탈조선'이라는 험한 말보다는 해외 진출이라는 진취적인 언어를 사용했으면 좋겠다. 그래야 다시 돌아오기도 쉽다.

차별화된 사업기획력만큼 좋은 무기는 없다

너도나도 취업이 어렵다고 이야기한다. 그래서, 대안은? 정부 차원의 노동 개혁이나 고용안전 프로그램도 필요하지만, 개인 차원에서도 뭔가 하긴 해야 할 텐데 단순 스펙 쌓기는 이미 그 대안이 될 수 없음을 앞서 강조했다. 빤한 이야기라고 생각하겠지만, 기본이 되는 스펙은 스펙대로 쌓되 남들과는 다른 특별한 이력 사항을 만들어야 경쟁력이 좀 더 생긴다.

영어나 중국어 같은 언어는 이미 연수를 다녀오거나 관련 자격시

153

험을 보는 사람도 많아서 희소성이 떨어진다. 그런데 웃긴 건, 그렇다고 영어고 중국어고 연수를 다녀오면 다 잘하느냐? 그것도 아니다. 영어권은 물가가 비싸서 그래도 상대적으로 유혹이 덜한 편이지만, 중국은 아직까지 우리보다 물가가 싸니까 유학이든 연수든 나가서 열심히 공부는 않고 놀다 오는 사람이 많다. 그래놓고 이력서에 연수 경력이라고 자랑스럽게 써넣어봤자 면접을 보면 당장 실력이 들통이 난다. 정말 실력 있고 잘하는 사람은 여기저기서 먼저 데려가려고 난리다.

좀 더 차별화된 경쟁력을 위해 영어나 중국어 말고 캄보디아나 베트남 같은 저개발 국가에 가서 그 나라 언어를 배워오는 것도 추천할 만하다. 우리나라 기업 중에 그 나라를 상대로 사업을 하는 기업들이 많다. 단순히 언어만이 아니라, 그 나라의 문화와 관습까지 같이 배워오면 더 좋을 것이다. 기왕이면 단기 연수보다는 아예 그쪽에서 학교를 다니는 것도 좋은 방법이다. 우리나라에서 이름도 잘 모르는 지방대학교를 나오는 것보다, 차라리 캄보디아나 베트남에서 대학을 나온 이력이 더 나을 수 있다는 말이다. 나도 지방대학교를 나와서 이런 말을 하기 조심스러운 부분이 있지만, 솔직히 지방대학교에 가 보면 노는 학생들이 태반이다. 전체적인 분위기가 그렇다. 서울의 대학들과 지방대학들의 차이는 입시에서 갈리는 것이 아니라, 대학을 다니는 동안에 더 벌어진다. 오죽하면 지방대학들도 자기 학교 출신을 교직원으로 안 뽑겠는가. 지방대학들도 반성을 해야 하는 게 그런 식으로 학생들을 방치해서는 안 된다. 자기들도 안 뽑아 쓰는데 어느 기업에서 데려가겠는가 말이다. 비싼 등록금 값을 못하는 대학이 너무 많다.

그런 이유 때문에라도 차라리 저개발 국가의 대학으로 유학을 가는 게 더 나을 수 있다고 말하는 것이다. 어차피 여기서 나오나 거기서 나오나 학력은 똑같이 인정된다. 그러나 무엇을 배우고 무엇을 경험했는가의 내용을 놓고 보면 결과에서 차이가 난다. 그쪽 대학을 다녀서 좋은 점은 졸업할 때까지 최소 4년은 걸릴 테니, 그동안 언어는 물론이고 그 나라의 문화를 익히고 경험할 수 있다는 점이다. 또 하나 중요한 것이 학교를 다니면서 친구를 사귀면 그 나라에서 인맥을 만들 수 있다는 점이다. 그 나라에서 대학에 다니는 정도면 그래도 나름 경제력이 있는 집안의 자녀들일 가능성이 높고, 졸업 후에는 엘리트 집단에 소속될 가능성 또한 높다. 그런 사람들과 미리 두루두루 친해두면 나중에 취업을 하든 사업을 하든지 간에 도움 받을 일이 분명 있을 수 있다.

졸업 후 바로 한국에 들어오는 것보다 그곳에서 취업을 해서 경험을 쌓는 것도 좋은 이력 사항이 될 것이다. 그냥 회사만 왔다 갔다 하는 것이 아니라 자신이 하는 일이 어떤 식의 사업으로 확장될 수 있을까 항상 머릿속으로 그려보길 바란다. 그것이 분명 자신을 남과 다른 특별한 인재로 만들어줄 것이다. 국내에 돌아와 관련 업종에 취업을 할 때도 자신을 어필할 수 있는 충분한 근거가 된다. 이건 국내 기업에 다니는 사람들도 마찬가지다. 자신이 하는 일을 단순히 월급을 받기 위해 어쩔 수 없이 하는 일이 아니라 10년 후, 20년 후를 내다보는 비전을 가지고 바라보라는 말이다. 그런 마인드로 일하면 언젠가 진짜 자기 사업을 시작할 수도 있고, 계속 월급쟁이로 살더라도 사업기획력을 가진 유능한 직원으로 평가받게 될 것이다. 제대로 된 경영자라면 이런 직원은 절대 놓치려 하지 않는다. 그렇게 회사 내에게 자신의 입지를 넓혀가는 것이다.

우리는 일자리가 없다고 난리지만, 막상 회사에는 의외로 인재가 없다. 사람은 있는데 참신한 기획력, 사업가적 마인드를 가진 직원이 드물다는 말이다. 회사가 잘 되면 나도 잘 될 것이라는 주인의식보다는, 어떻게든 잘리지 않을 만큼만 일하는 사람이 태반이라는 뜻이다. 이런 말을 하면 내 회사도 아닌데 몸 바쳐 충성하는 것이 바보 아니냐고 하는 사람도 있다. 때론 바보 같은 우직함이 성공의 필요충분조건이 되기도 한다. 회사를 다니면서 차근차근 쌓아놓은 사업기획력은 나중에 본인이 직접 사업을 시작할 때도 큰 자산이 될 것이다.

지인 중에 국내 유명 대기업에서 서비스 관련 교육 상사로 일하고 있는 여성이 있다. 현재는 회사 소속이지만, 독립해서 프리랜서 강사로 일하거나 자기 사업으로 키울 수 있는 방법에 대해서 고민하던 중이었다. 내게 상담을 요청해 와서 이야기를 들어보니, 충분히 가능성 있어 보였다. 프리랜서도 괜찮지만 사업 가능성은 우리나라보다는 중국 쪽이 더 크다는 사실도 이야기해주었다. 실제로 서비스 교육 분야는 국내에서도 수요가 있지만, 중국에서는 더 많은 수요를 만들어낼 수 있다. 최근 중국의 서비스 시장이 폭발적으로 커지고 있기 때문이다. 그에 비해 아직 직원들의 서비스 마인드가 부족하다. 따라서 앞으로는 서비스 마인드에 대한 자각과 함께 서비스 교육에 대한 인식이 널리 퍼질 것이다. 상해만 가도 엄청난 규모의 쇼핑몰들이 많다. 그런 곳들이 아직 직원 서비스 교육이 제대로 되어 있지 않다. 그런 곳을 뚫으면 기업 위탁만 받아도 엄청 잘 될 것이다.

이런 이야기를 하니 그 친구도 고개를 끄덕였다. 하지만 쉽게 결단을 내리지 못했다. 이유는 간단했다. 대기업이라는 안정적인 직장을 나와서 새롭게 도전한다는 게 두려운 것이다. 물론 처음에는 힘들 것이다. 자리를 잡을 때까지 돈도 들고, 힘도 들 것이다. 무엇보다 실패할지도 모른다는 두려움과 계속해서 싸워야 한다. 결코 쉽지 않은 일이다. 그렇지만 쉽지 않기 때문에 그것을 이루었을 때 성과 만족도는 대기업에서 하나의 부속품으로 일할 때와는 차원이 다르게 클 것이다. 그러나 불안하면 무조건 사표를 던지고 나올 것이 아니라, 나중을 도모하면서 우선은 현직에 있을 때 강의 자료를 모아두고 다른 강연들도 들어보면서 자신만의 콘텐츠를 많이 만들어 놓으라고 했다. 그리고 자신이 개발한 콘텐츠와 중국 시장 개발 가능성 등을 연구하여 기획안을 멋지게 만들어보라고 했다. 그것을 1차로 회사에 제안을 해보는 것이다. 요즘 분야를 막론하고 중국 시장 진출에 군침을 흘리지 않는 대기업이 없다. 기획안만 매력적이라면 회사에서도 사업 가능성을 충분히 검토해볼 수 있을 것이다. 회사에서 기획을 받아들인다면 그 친구는 회사에서 자신의 입지를 키울 수 있고, 중국 사업 프로젝트의 책임자로 활동할 수도 있을 것이다. 회사를 그만두지 않아도 충분히 자신의 비전을 실현할 수 있는 것이다. 만약 회사에서 기획을 받아들이지 않는다면 그 기획안을 다른 투자자에게 보여주라고 했다. 투자자가 관심을 보인다면 일단 자기 사업의 가능성이 생기는 것이다. 그때 가서 회사를 그만둘지 결정해도 늦지 않다.

방법이 이것만 있는 것은 아니다. 회사나 투자자의 반응을 기다릴 수도 있지만 본인이 직접 중국에 가서 새로운 루트를 개척할 수도 있다. 회사를 그만두고 나올 용기가 있다면 말이다. 물론 혼자의 힘으로는 힘들 수 있다. 우선 사전 시장 조사를 통해 현지에서 관련 교육 업체를 찾아가 강사로 써달라고 부탁을 하는 것이다. 그리고 거기에서 우선 입지를 다진 후 자신만의 프로그램을 개발해 서비스 강사로서 새 영역을 개척할 수도 있다. 앞서도 소개했던 W 커뮤니케이션의 우지은 대표의 성공 사례처럼 중국에서 그와 같은 일이 얼마든지 가능하다. 과거 우리나라에서 치어리더로 활동하던 젊은 여성이 중국에 홀로 진출해 에어로빅 코치로 크게 성공한 사례도 있었다. 이럴 때보면 여성들이 더 진취적이다. 우리 사회에 여전한 여성 차별 때문에 자신의 커리어를 쌓는 것에 제약이 있다고 느낀다면, 이런 식의 새로운 돌파구를 찾아보는 것도 좋을 것이다.

비전은 명확하게, 실행은 차근차근
한 번에 승부볼 생각 마라

물론, 지금 누군가 나에게 당장 취업과 창업 중에 무엇을 하면 좋겠냐고 묻는다면 나는 우선 창업에 대한 꿈을 그려놓은 상태에서 관련 분야에 취업을 하라고 조언하고 싶다. 그렇게 먼저 경험을 쌓고 나서 창업을 해야 실패의 확률을 줄일 수 있기 때문이다. 창업을 하게 되면 많든 적든 직원을 두고 일하게 되는데, 자신이 직원으로 일해 본 경험이 없으면 직원을 제대로 쓸 수 없다. 취업 기간을 사장이 되기 위한 연수 기간이라고 생각해보는 것도 나쁘지 않다. 명확한 비전을 가지고 차근차근 세밀하게 단계를 밟아나가라.

자신이 아는 세상이 전부가 아니다

우리 아버지는 자식들에게 물질적으로 많은 것을 해주지는 못했지만 살아가는 데 나침반이 될 훌륭한 지침을 주셨다. 정직하고 예의 바른 사람이 되라는 것이다. 지금껏 살아오면서 나는 이 가르침대로 살기 위해 노력했고, 그 덕을 많이 본 것 같다. 나중에 내가 결혼해서 자식을 낳으면 이 가르침만은 꼭 전하고 싶다. 세상을 살아가는 데 정직과 예의, 이 두 가지면 된다.

요즘은 정직하면 손해를 본다고 생각하는 사람들이 많은 것 같아 안타깝다. 그러나 절대로 그렇지 않다. 남 속이지 않고 정직하게 일하면, 언젠가 그에 대한 대가가 반드시 돌아온다. 사업할 때 제일 무서운 것이 입소문이다. 저 사람은 남을 속이고 제품에 장난을 친다는 얘기가 한 번 돌면, 그 사업은 접어야 한다. 반대로 저 사람이 만드는 제품은 믿을 만하다, 가격도 착하고 품질도 좋다고 소문나면 언제고 사람들은 그 회사, 그 제품을 찾게 되어 있다.

내가 계속해서 해외 진출이나 창업의 중요성과 가능성을 강조하고 있지만, 그렇다고 해서 모든 청년이 다 그렇게 살아야 한다는 뜻은 아니다. 다만 내가 알고 있는 세상이 전부가 아니라는 점을 인지하고 여러 가능성을 생각하고 유연한 사고를 펼치라는 의미다. 지방대학교 출신은 무조건 서울로 올라와야 하는 것이 아니다. 그 지역에 괜찮은 일자리가 있다면 그곳에서 터를 잡고 사는 것이 제일 좋다. 다만 지방 도시들에 자신에게 맞는 일자리가 없다 보니 서울로 올라오는 것이다. 서울에도 내 일자리가 없으면 그 다음에 또 해외로 눈을 돌리면 된다.

어떤 사람들은 유럽의 전원도시나 벤쿠버 같은 도시에 가서 여유롭게 살고 싶다는 얘기를 한다. 그게 꿈이면 그렇게 하면 된다. 여건이 안 된다면 우리나라의 지방도시나 제주도 같은 곳에 내려가 살아보는 것도 나쁘지 않다. 서울이나 복작거리고 정신없지, 사실 우리나라도 지방 도시들은 한가롭다. 요즘은 과거 호주 농장에서 일하는 워킹홀리데이 같은 프로그램이 우리나라에도 생겨나고 있다. 제주도에서도 한 철만 감귤 수확을 하며 게스트 하우스에 머물면서 단기 아르바이트를 할 수도 있다. 귀농이나 귀촌에 관심은 있는데 선뜻 나설 결심을 하지 못하고 있다면, 그런 체험 프로그램을 통해 맛보기를 권한다. 시선을 조금만 돌리면 다양한 기회들이 곳곳에 널려 있다.

서울이 아니면 비주류라고 생각해서 어떻게든 서울에 머물려고 하지만 그것 역시 하나의 틀이다. 또 비주류면 어떤가. 생각하기 나름이다. 나도 조만간 지방으로 내려가 터를 잡을 생각이다. 청년들에게 도움이 될 만한 좋은 강연들은 왜 서울에서만 해야 하는가? 지방에서도 얼마든지 할 수 있다. 경주나 울산이 어떨까 싶다. 그곳에서 생활하다가 가끔 서울로 원정 강연을 나오는 것도 괜찮다. 현재 내가 꿈꾸는 미래는 그렇다.

물론 그 전에 결혼해서 가정부터 꾸리고 싶다. 가정이 생기면 지금까지 살아왔던 것과는 또 다른 방식의 삶이 펼쳐지리라 생각한다. 그때 이 원칙 하나는 지키고 싶다. 욕심을 버리자는 것. 자식에 대한 사랑과 욕심을 구분하면서 살고 싶다. 부모 욕심 채우자고 아이를 과도한 경쟁구도로 몰아넣고 싶지 않다. 아이가 진정한 행복이 무엇인지 스스로 깨달을 수 있도록 올바른 기준을 제시해주고 싶다. 부모의 기대는 자식에게 좋은 자양분이 된다. 하지만 양분이 지나쳐도 뿌리가 썩고 흔들린다. 울타리를 치고 문을 꽁꽁 걸어 잠근 채 그 안에 들어가 있으면 보호받는 것 같고 안전하다고 느낄지 모르겠다. 그렇지만 그 속에 들어앉아있는 동안에도 울타리 밖 세상이 어떻게 돌아가고 있는지 관심을 갖고 지켜봐야 한다. 그리고 때가 되었다고 생각될 때는 울타리를 넘어 세상 밖으로 나가야 한다.

청년들을 만날 기회가 있을 때마다 나는 하루에 TV를 몇 시간이나 보는지 꼭 물어본다. 저마다 다르지만 그래도 꽤 많은 시간을 할애하는 것 같다. 주로 보는 프로그램은 예능이나 드라마다. 뉴스나 시사, 교양 다큐 같은 프로그램들은 잘 보지 않는다. 그런데 정작 봐야 할 프로그램은 후자 쪽이다. 특히 뉴스는 가능하면 매일 챙겨봐야 한다. 그래야 세상 돌아가는 사정을 알 수 있다. 당장은 국회 계류 중인 법안이나 중국 증시 관련 뉴스가 내 삶과 무슨 상관이냐고 할지 모르지만, 그건 모르고 하는 소리다. 내가 취업하려는 분야, 사업을 하려는 분야가 관련 뉴스로 인해 어떤 영향을 받게 될지 내다볼 줄 알아야 한다. 그런 식견은 하루아침에 생기는 것이 아니기 때문에 평소에 뉴스와 시사, 교양 다큐 등의 프로그램을 꾸준히 시청하면서 감각을 익혀야 한다. TV가 바보상자라고 하는 말은 바보로 만드는 프로그램만 봐서 그런 것이다. 인터넷만 정보의 바다가 아니라 TV도 이용하기에 따라 얼마든지 똑똑하게 활용할 수 있다. 제발 TV라도 좀 보자. 요즘 학생들이랑 애기를 하다 보면 놀라울 징도로 세상에 대해서 무지한 학생들이 너무 많다. 우리 선배들처럼 논어니 맹자니 하는 것까진 아니더라도 기본적인 정치, 경제에 대한 상식이 부족하다고 느꼈다. 이래서는 어렵다. 성공하기 힘들다.

물론, 드라마나 예능으로 간간히 스트레스를 해소하는 것도 필요하다. 그런데 우리가 나가서 치열하게 살아가야 하는 곳은 사회다. 이 사회를 내가 직접 경험하지 않고 어디서 배우겠는가? 바로 뉴스다. 매일매일 바쁘게 살아가는 우리에게 사회가 어떻게 돌아가고, 어떻게 변해가는지 친절히 일목요연하게 알려주는 것이 바로 뉴스다.

무엇이든 하루 이틀에 이루어지는 것은 없다. 안 보던 뉴스를 한두 달 본다고 바로 세상 보는 안목이 자라지는 않는다. 앞에서 말한 바와 같이 성공하는 습관 중 하나를 재밌는 뉴스 보기로 삼길 권한다. 늘 똑같은 드라마나 예능과는 다른 재미를 느낄 수 있을 거라고 생각한다. 성공한 많은 이들이 독서와 신문 구독을 성공의 비결로 꼽는다. 맞는 말이다. 그러나 요즘 같이 바쁜 미디어 시대에는 독서와 신문을 대신해 TV 뉴스와 다양한 시청각 자료가 세상 공부의 재료다. 역사와 문화, 과학, 예술, 교양 등의 지식을 잘 전달해주는 TV의 시사교양이나 다큐멘터리가 우리의 시간을 절약해주니 얼마나 고마운가? 게다가 거의 공짜나 다름없다. 처음이 어렵지 한 번 마음을 먹고 습관화시킬 수만 있다면, 그렇지 못한 사람들보다 당장 백 보는 더 앞서 나갈 수 있을 것이다.

세상을 읽는 방법에는 여러 가지가 있지만, 과거로부터 현재를 유추하고 현재로 미래를 예측하는 것이 가장 일반적이고 현명한 방법이다. 예를 들어 과거 10년을 돌아보면 당시 대졸 초봉이나 지금 대졸 초봉이나 오르긴 했지만 그렇게 큰 차이가 나지 않는다. 그렇다면 이미 그 정도 선에서 임금이 형성되는 것이 어느 정도 사회적으로 굳어진 상태라는 것을 짐작할 수 있어야 한다. 우리나라 경제 성장이 이미 저성장 모드에 접어들었기 때문에 향후 몇 년 안에 예상치 못하게 갑자기 경기가 확 좋아지지 않는 이상, 대략 그 정도 선에서 자신의 연봉 수준도 결정된다. 이런 것들을 모두 감안해서 내 고집만 부릴 것이 아니라 주변의 상황들을 살펴보고 거기에 맞게 미래 계획을 세워야 한다.

내가 알고 있는 세상을 넓히는 방법 중에 또 한 가지는 바로 기부나 봉사 같은 활동이다. 어려운 이웃의 삶을 돌아보고 내가 가진 것을 나누는 마음이야말로 나를 가두는 울타리를 거두어내는 가장 멋진 방법이다. 나와는 다른 환경 속에 사는 사람들에 대한 편견을 깨고 더불어 사는 삶을 실천할 때 또 하나의 세상이 열린다.

나도 이런 새로운 세상에 눈뜬 지는 얼마 되지 않았다. 아는 형님

중에 가족들과 함께 상애인을 돕기 위한 〈열린 지평〉이라는 계간지를 만들어 발행하는 분이 계시다. 자원봉사자들의 도움으로 만들어지는 이 잡지는 기사를 통해 일반인들에게 평소 접할 기회가 많지 않은 장애인들의 삶의 단면과 생각을 전달하고 있으며, 판매 수익금은 그들의 자활을 돕는 데 쓰인다. 잡지가 나오면 정기구독자에게 발송되는데 그 포장 작업에 봉사자의 손이 필요하다고 해서 나도 한 번 가서 일손을 보탠 적이 있었다. 비록 짧은 순간이었지만 그때 나는 마음속에 뭔가 벅차오르는 신선한 경험을 했다. 그것은 단순한 보람이나 감동과는 다른 감정이었다. 앞으로 내가 나아갈 삶의 방향이 멀리 내다보이는 그런 느낌에 가까웠다. 사실 어렸을 때는 내 자신의 형편이 어려워서 남을 도울 수 있는 처지가 아니었고, 자라서는 공부하고 일 하느라고 정신이 없어서 주위를 둘러볼 마음의 여유가 없었던 것이 사실이다. 그런데 이제는 돈도 어느 정도 벌고 나니 일 욕심을 좀 줄이게 되었고, 그렇게 시간적 여유가 생기니까 비로소 남을 돕는 일에도 눈을 돌리게 되었다. 그 속에서 진짜 행복이 무엇인지도 조금씩 깨달아가고 있다. 나는 이런 생각을 형님께 말씀드리며, 언제가 나도 다른 사람들을 도울 수 있는 법인을 꼭 만들겠다고 했다. 그러자 형님께서는 내게 이런 말씀을 해주셨다.

"자네 걸 만들려고 하지 말고 이미 만들어져 있는 곳에 가서 일을 꾸준히 해봐. 그럼 언젠가 그게 자네 것이 될 날이 올 거야."

그 말씀을 들으니 절로 고개가 끄덕여졌다. 좋은 일에 때를 기다리지 말라는 가르침이었다. 나도 젊은 친구들에게 그런 얘기를 많이 한다. 당장 힘들게 창업할 생각하지 말고 일단 작지만 탄탄한 회사에 들어가서 열심히 일하다 보면 그 회사가 자기 것이 될 날이 올 거라고 말이다. 결국 통하는 얘기구나 싶었다.

넓게 보려면
높이 날아야 한다

내가 좋아하는 이야기 중에 '경주 최부잣집' 이야기가 있다. 경주 교동에 가면 중요민속자료로 지정된 최씨고택이 있는데, 이곳은 최진사 댁으로도 알려진 곳으로, 400년에 걸쳐 12대가 대대로 만석꾼을 배출한 부잣집으로 유명하다. 그런데 이 가문이 유명해진 것은 대대로 부자였기 때문이 아니라, 나눔과 베풂을 집안의 훈령으로 삼아 대대로 실천해 와서다. 훈령의 내용은 진사 이상의 벼슬은 하지 말 것, 만 석 이상의 재산은 모으지 말 것, 찾아오는 과객을 후하게 대접할 것, 흉년에 남의 논밭을 사들이지 말 것, 며느리들은 시집 온 후 3

년 동안 무명옷을 입을 것, 사방 백 리 안에 굶어서 죽는 사람이 없게 할 것 등이었다. 이것만 봐도 우리나라를 대표하는 노블리스 오블리주로 추앙받을 만하다. 항목 하나하나를 살펴보면 더욱 인상 깊은 점은 단순히 가진 걸 나누는 데에 그치는 것이 아니라 부의 축적에 대한 도덕적 철학까지 갖추고 있다는 부분이다. 흔히 우리나라는 서양에 비해 기부 문화가 발달하지 못했다느니 진정한 노블리스 오블리주 정신이 없다느니 하는 말들을 많이 하는데, 우리나라도 서양 못지않은 이런 훌륭한 가문이 있었다는 사실이 사람들에게 널리 알려졌으면 한다.

오래된 명언 중에 '높이 나는 새가 멀리 본다'는 말이 있다. 시야를 넓히기 위해서라도 높이 비상하는 청춘이 되어야 한다. 모든 가능성에 마음의 문을 열고 정직하게 한 발 한 발 세상의 지평을 넓혀나가자. 이것은 나 자신에게 하는 말이기도 하다.

스토리 있는 사람이 매력적이다

자신의 인생을 돌아보며 책 한 권을 쓴다고 생각해보자. 언제 어디에서 태어났고, 어떤 학교를 나와서, 어떤 회사에 취업하기 위해 준비 중이다. 거기까지 쓰고 나니 더 이상 쓸 얘기가 없는 사람이 태반일 것이다. 취업용 자소서도 간신히 몇 장 쓰는 사람에게 책 한 권을 쓰라고 하면 눈앞이 깜깜할 것이다.

인생을 책에 비유하는 사람들이 많다. 자신의 책을 재미있는 이야기로 넘치게 채울 것인지, 아니면 텅 빈 채로 둘 것인지는 스스로에게 달려있다. 그저 남들이 다 하는 대로 학교 다니고 공부해서 입시 치르고, 대학 들어가서 스펙 쌓고, 나와서 취업 준비 위해 다시 공부하고. 그렇게 평범한 월급쟁이가 되는 사람에게는 특별한 이야깃거리, 다시 말해 콘텐츠가 없다. 콘텐츠는 자신만의 특별한 경험이나 독서 등의 간접경험으로 쌓은 '철학'에서 비롯된다.

현대 자본주의 사회에서 살아남으려면 어떻게든 팔리는 사람이 되어야 한다. 그런데 콘텐츠가 없으면 팔리지가 않는다. 콘텐츠가 없으니까 겉모습이라도 튀어보려고 자신을 명품으로 치장하려 든다. 요즘 젊은 친구들을 보면 자신의 수입 수준보다 과도하게 소비하는 경향성을 보이는 이들이 많다. 나는 이것도 일종의 불안 심리라고 생각하는데, 내가 남들보다 뒤처지는 것을 물질적 소비로 보상받으려는 심리인 것이다. 명품 백을 들고 고급 외제 승용차를 타고 다니면서 SNS에 자랑을 하면 자신의 수준도 그만큼 올라가는 것으로 착각한다. 버는 돈이 많아서 그 정도의 소비는 하고 살아도 된다는 사람들은 그래도 이해가 간다. 그런데 정말 한 달 벌어 한 달 근근이 카드빚에 허덕이며 살면서도 그런 소비행태를 멈추지 않는다. 우리 젊은이들이 SNS에 자랑으로 올릴 여행 사진은 고급 리조트나 유명 관광지, 비싼 레스토랑에서의 정찬이 아니라, 장엄하고 경이로운 자연의 탐험이나 게스트 하우스에서 세계의 친구들과 함께 만들어 먹는 소박하

171

지만 맛있는 음식 사진 같은 것이 되어야 하지 않을까?

지금은 고인이 된 애플의 전 CEO 스티브 잡스는 청바지에 검정 목폴라 티셔츠 패션으로 유명하다. 촌스럽게 보일 수도 있는 그의 패션은 애플의 성공신화와 함께 하나의 상징적인 콘텐츠가 되었다. 평범한 사람이 매일 그런 옷을 입고 다니면 센스가 없다고 흉을 봤을 사람도 스티브 잡스가 그렇게 입고 나오니 멋있다고 한다. 그 의상 하나에 애플이 개발하고 발표했던 아이맥, 아이폰, 아이패드 등 전 세계소비자의 마음을 설레게 한 스티브 잡스라는 사람의 이야기가 담겨 있기 때문이다.

나는 명품이라는 말의 정의부터 바꾸어야 한다고 생각한다. 우리는 필요 이상으로 가격이 비싼 고가 사치품을 명품이라고 부르고 있다. 회사의 브랜드가 명품을 만드는 것이 아니라 그 제품을 만드는, 또 사용하는 사람의 스토리가 담겨야 비로소 명품이라 불릴 수 있다. 내게도 나만의 이야기가 담긴 '명품'이 하나 있다. 해외 어디를 가든 가지고 다니는 빨간색 여행 가방이다. 20년 전 미국에 처음 갈 때 샀던 가방인데, 고가도 아니고 유행에도 한참 뒤졌지만 내겐 의미가 있는 가방이다. 이 가방이 나와 함께 다닌 나라가 30개국이 넘는다. 그곳에서 찍은 사진마다 가방은 마치 분신처럼 항상 내 옆에 있다. 나의 역사와 추억이 그 안에 고스란히 담겨 있다.

유럽에 처음 배낭여행을 갔을 때 교통편이 끊겨 어쩔 수 없이 역에서 노숙을 해야 했던 날 밤, 나는 언젠가 성공하면 신용카드 한 장만 들고 다시 이곳에 와서 노천카페에 앉아 우아하게 커피 한 잔 마시고 박물관도 여유롭게 구경하겠노라고 다짐했었다. 몇 년이 지나 중국에서 사업을 시작한 후에는 일 때문에 유럽으로 출장을 자주 다녔다. 사업 초기 어떻게든 바이어를 만나서 오더를 따내야 하는 절박한 상황에서 마주한 유럽의 풍경은 마음에 여유가 없었던 탓인지 차갑고 삭막하게만 느껴졌다. 춥고 배고팠던 배낭여행 시절의 낭만은 사라진 지 오래였다. 그리고 다시 몇 년이 흘러 회사 매출도 안정이 되고 이제 더 이상 바이어들 눈치 보며 발을 동동 구르지 않아도 될 정도가 되었을 때 나는 다시 유럽에 갔다. 그때는 여유롭게 여기저기 구경도 하고 맛있는 것도 먹으러 다녔다. 노천카페에 앉아 커피 한 잔 하면서 주위의 풍경을 만끽했다. 예전에 꿈꾸던 바로 그 모습이었다. 그리고 모든 현장에는 나의 빨간색 여행 가방이 함께 했다.

어떠한 물건에 자신의 이야기를 담아내려면 그만큼 오랜 시간이 필요하다. 그런데 요즘은 옷이고 가방이고 스마트폰이고, 신제품이 나왔다 하면 금방 바뀌버린다. 친구들에게 자랑하고 싶은 마음 때문이라면 그것도 한두 번이면 족하다. 그런데 요즘 같은 세상에 오래된 폴더폰을 들고 다니는 사람이 있으면 오히려 사람들이 더 관심을 가진다. 아직도 이런 폰을 가지고 다니느냐고 신기해하면서 말이다. 폴더폰을 쓴다고 해서 전부 시대에 뒤떨어지는 것은 아니다. 오히려 오래된 폴더폰을 쓰는 자기만의 소신이나 폴더폰을 쓰면서 겪은 에피소드들이 모여 그 사람만의 작은 스토리가 될 수 있다.

사업도 스토리가 있으면 좋다. 얼마 전에 〈쎄시봉〉이라는 영화를 봤다. 영화도 재미있었지만 내 흥미를 끈 것은 바로 '쎄시봉'이라는 공간이었다. 쎄시봉은 단순한 음악감상실이 아니다. 그곳에 모인 젊은 음악가들과 그들의 활동을 뒷받침한 사장의 열정이 모여 우리나라 포크 음악의 산 역사가 되었고, 지금은 그 시대의 향수를 자극하는 하나의 브랜드가 되어 회자되고 있다. 이처럼 커피숍 하나, 식당 하나를 내더라도 그곳을 다른 곳과 차별화되는 특별한 이야기가 있는 공간으로 만들어야 성공 가능성도 커진다. 대형 프랜차이즈는 이런 이야기를 만들어내기가 어렵다. 정해진 인테리어, 정해진 레시피, 정해진 매뉴얼대로만 장사를 하기 때문에 사장인 나의 개성을 드러내기는 힘들다. 그렇게 해서 장사가 잘 된들 당장 돈은 벌지 모르지만 보람도 없고 크는 건 프랜차이즈 회사일 뿐이다. 그런데도 똑같은 조건이면 아직도 많은 사람들이 자신만의 브랜드를 갖기보다는 프랜차이즈를 선택한다. 힘은 덜 들이면서 안정적으로 장사할 수 있기 때문에 그런 것도 있지만, 대형 프랜차이즈의 화려한 겉모습으로 자신의 부족한 콘텐츠를 채우려는 경향도 분명 존재한다.

미국이나 캐나다에서 성업 중인 스타벅스, 맥도날드 같은 대형 프랜차이즈가 유럽에서는 찾기 힘든데 우리나라에서는 미국이나 캐나다만큼이나 많다. 인구 대비로 보면 그보다 더 많을지도 모르겠다. 우리나라에 프랜차이즈가 많은 이유는 비자발적인 자영업자의 비중이 크기 때문이다. 대기업 10년 정도 다니다가 희망퇴직으로 나온 사람들이 퇴직금으로 차리는 것이 프랜차이즈 가맹점이다. 대기업 10년 다녀봤자 할 줄 아는 것도 없이, 갑자기 자기 사업을 하자니 앞길이 막막하다. 그럴 때 돈만 싸들고 가면 가맹점을 내주는 것이 대형 프랜차이즈이다 보니 너도 나도 쉽게 뛰어든다. 골목 상권을 죽이고 업주들의 피를 빨아 먹는 프랜차이즈에 대해서 비판을 많이 하지만 그래도 한편으로는 무의식적으로 많이 이용을 한다.

**겉모습에 연연해 말고
너만의 스토리 메이킹에 전념하라**

직장을 고를 때도 이런 경향은 고스란히 드러난다. 평균적으로는 대기업 연봉이 중소기업보다는 높다. 그러나 반드시 그런 것은 아니다. 대기업 중에서도 연봉이 짜기로 유명한 곳도 있고, 중소기업 중에서도 고액 연봉을 주는 곳도 있다. 그런데 연봉이 높다고 해서 무조건 좋은 게 아닌 것이, 돈을 많이 준다는 건 그만큼 일을 많이 시킨다는 말도 된다. 이른 새벽부터 늦은 밤까지 연일 살인적인 스케줄로 일하는 직장인들을 많이 본다. 겉모습만 화려하지 막상 안을 들여다보면, 현대판 노예라고 불릴 만큼 과중한 업무에 시달린다. 같은 직장 내에서도 연봉 차이가 난다. 사원 개개인과의 면담을 통해 주기적으로 연봉을 협상하는데 실적이 반영되기 때문에 동료들과의 경쟁구도가 자연스럽게 형성된다. 휴가도 마음대로 못 쓰고 상사 눈치, 동료 눈치 보며 하루하루 버틴다. 여성의 경우에는 법적으로 보장되어 있음에도 생리휴가, 출산휴가를 쓰는 데 눈치를 봐야 한다. 눈치도 없이 쓸 것 다 쓰고 직장에서 애 키우는 엄마 티라도 내게 되면 알게 모르게 불이익을 받는 경우도 많다. 사원 복지가 잘 되어 있다는 대기업도 현실에서는 이런 일이 비일비재하다. 일하는 여성들이 가정과 일의 양립을 꿈도 꿀 수 없는 상황 속에서 아예 처음부터 결혼을 포기하거나 결혼 후에는 출산을 포기하는 사례가 점점 늘어나고 있다. 결국 우리나라의 저출산 문제로 이어지고 있는 것이다.

사정이 이러한데도 크고 유명하고 안정적인 직장만을 선호한다. 우리가 알고 있는 그런 직장의 이미지는 광고와 홍보로 만들어진 껍

데기에 불과한 경우가 많다. 그 껍데기에 속아서 남들과는 다른 자신만의 스토리를 포기한 채 살아가고 있다. 잘 다니는 회사를 당장 때려치우고 나와서 사업을 하라고 여러분을 선동하는 것이 아니다. 중소기업을 선택해야 한다고 강요하는 것도 아니다. 다만 한 번쯤 자신에게는 어떤 스토리가 있는지 생각해보라는 것이다.

물 러 서 지
않 는
힘

PART

03

이기는승부는
너를

성장시키지
않는다

안 되는 이유부터 찾아라

사회생활을 시작하는 청년들은 세 부류로 나눌 수 있다. 첫째 고등학교 때부터 공부를 잘해서 좋은 대학 가고 거기서 열심히 스펙 쌓아서 대기업이나 공기업에 공채로 들어가는 부류, 둘째 공부도 어중간하게 해서 수도권의 하위권 대학이나 지방대학교 혹은 전문대학교에 들어가서 적당히 버티다가 졸업 후에 대기업이나 공기업 공채를 준비하는 취준생이 되거나 중소기업에 들어가는 부류, 셋째 공고나 상고 졸업 후 대학은 포기하고 처음부터 사회에 나와 경험을 쌓아 자기 일을 시작하는 부류다. 물론 사람마다 다 상황이 다르기 때문에 이러한 분류에 해당되지 않는 사람들도 많겠지만, 주변에서 흔히 볼 수 있는 유형을 대략적으로 구분지어 보았다.

이 중에서 첫 번째는 알아서 잘 하고 있는 것 같으니 내가 따로 조언할 필요가 없는 것 같다. 세 번째는 모 아니면 도다. 공장에 기술직으로 취직해서 경력이 쌓이면 웬만한 사무직보다 연봉도 많다. 한 10년 열심히 일 배우다가 그 분야 노하우로 자기 사업을 시작하면 남들보다 일찍 사장님 소리 들으면서 크게 성공할 가능성이 충분이 있다. 이런 사람들을 보고 있으면 성공하는 데 대학 간판이나 스펙이 별로 중요한 것이 아니구나 하는 것을 느낀다.

문제는 두 번째의 경우다. 나 역시 지방대학교 출신으로 중소기업에서 사회생활을 시작한 경험이 있어서 하는 말이지만, 내가 볼 때 이런 부류가 제일 어중간하다. 그렇지만 생각이나 행동의 교정을 통해 상황이 개선될 여지가 그만큼 많기도 하다. 스펙만 놓고 보면 대기업에 들어가기엔 부족하다. 그렇다고 열악한 환경의 중소기업에서 일하기는 싫다. 계속 취준생이라는 이름으로 남다 보니 불만만 쌓인다. 나는 이들에게 이상과 현실의 괴리에 좌절하지 말고 새로운 돌파구를 찾아 과감히 도전하라고 말하고 싶다. 어떤 돌파구가 있을까에 대해서는 앞서 이미 여러 사례를 들어 이야기했다. 문제는 누가 더 빨리 실천하느냐 하는 것이다.

무조건 안 된다고만 하지 말고 안 되는 이유를 찾아 개선하려는 노력이 필요하다. 그런데 주변을 둘러보면 운이 좋은 건지 아니면 타고난 게 많은 건지 무엇을 하든 승승장구하는 사람이 있는가 하면, 하는 일마다 잘 안되고 실패를 하는 사람들이 있다. 이유야 여러 가지가 있을 수 있지만 그 원인이 자신에게 있지는 않은지 한 번쯤은 꼭 확인하고 돌아보길 바란다. 예를 들어, 사상 최대의 취업난이라고 하는데 정작 본인들은 어렵게 직장에 들어가 놓고 조금만 힘들면 금방 일을 그만둬버린다. 인턴이나 신입이 할 수 있는 일의 한계가 있다. 아무리 본인이 잘났어도 회사의 중요 업무를 처음부터 책임지고 할 수 있은 상황은 아니라는 말이다. 그런데 그런 상황에서 조금만 허드렛일을 시키면 '내가 이런 일이나 하려고 비싼 등록금 내고 여기 왔는지 아느냐'며 화를 낸다. 그러고서 자기나 혼자 그만두고 나가면 좋으련만, SNS나 인터넷 게시판에 폭로성 글을 올려 함께 일했던 사람들을 곤란하게 만든다. 남의 말하기 좋아하는 사람들 사이에 이야기가 퍼지면서 별 것 아닌 일도 엄청난 사건처럼 부풀려지기 일쑤다. 그런데 생각해 보면 회사 일이라는 게 네 일 내 일 업무 영역이 확실히 정해져 있지 않은 경우가 많고, 업무와 크게 상관없어 보이는 허드렛일도 누군가는 해야 하는 경우도 많다. 그러면 상식적으로 그 일을 누가 해야 할까?

대기업이든 공공기관이든, 겉으로 보이는 화려한 모습 뒤에는 묵묵히 힘든 일도 마다하지 않는 사람들의 땀과 노력이 스며있다. 선배들의 그런 노고는 보지 않고, 그저 자기만 잘났고 자기만 힘든 일 하면 안 되는 존재다. 어려서부터 손에 물 한 방울 안 묻히고 자라서 그렇다고? 그게 한 사람의 몫을 해야 하는 책임 있는 성인이 할 소리인가? 그런 사람들은 마음에 안 든다고 다니던 회사 박차고 나와서 다른 회사에 가봤자 똑같다. 이런 사람이 과연 유능한 인재로 인정받고 성공할 수 있을까? 자기 입맛에 맞는 회사가 다행히 있다면 고맙겠지만, 찾기 쉽지 않을 것이다. 그러니 그 사람에게 취업은 쉽지 않은 일이고 매번 고통스러운 일이다. 자존감이 부족한 것도 곤란하지만, 자신만이 특별한 사람이라고 생각하는 것도 문제다.

중국에서 나와 동업을 했던 박희진이라는 친구가 있다. 내가 그 친구를 처음 만난 것은 첫 사업 실패 후 다시 중국에 들어가 패션 주얼리 업체에 취업을 했을 때였다. 당시 그 친구는 스물셋의 어린 나이였다. 어떻게 그 나이에 여자 혼자 중국으로 건너와 일할 생각을 했는지 신기하기도 하고 기특하기도 했는데, 나중에 이야기를 들어보니 더 대단한 친구라는 생각을 하게 되었다.

중국에 오기 전, 그 친구가 가진 스펙이라고는 전문대 졸업장과 학교에서 만든 포트폴리오가 전부였다. 유명 주얼리 브랜드에 들어가기에는 한참 부족한 스펙이었다. 그러나 그것이 그 친구의 도전을 가로막지는 못했다. 졸업반 때 강남의 모 유명 백화점 명품관을 찾아가서 넋을 놓고 주얼리 디자인을 감상하다가 매장 직원에게 면접을 보고 싶은데 본사가 어디 있냐고 물었다고 한다. 그 회사에 들어가면 좋아하는 주얼리 제품들을 실컷 구경할 수 있겠구나 하는 단순한 생각을 했던 것이다. 그랬더니 매장 직원들은 콧방귀를 뀌면서 뭘 알고 왔냐고 하더란다. 그도 그럴 것이 그런 명품 업체는 디자이너는 물론이고 매장 직원들까지도 좋은 대학 출신에 보석감정사 자격증까지 있어야 취업이 되었기 때문이다. 박희진의 스펙으로 그런 회사의 문을 두드린다는 것 자체가 무모한 도전이었다. 그때 현장에 나와 있던 회사 임원이 어린 여학생이 당차 보였는지 본사 연락처를 주었다.

다음날 이력서와 포트폴리오를 들고 무작정 본사를 찾아갔다. 본사에서는 디자이너 채용 계획이 없다고 했다. 그래도 면접이라도 한번 보게 해달라고 사정했다. 마침 그 회사 사장님이 그런 그녀를 보고 디자이너 자리는 없고 커피 타고 잔심부름하는 업무보조가 필요한데 그거라도 하겠냐고 물었다. 한 치의 망설임도 없이 시켜만 주신다면 뭐든 열심히 하겠다고 했다. 그렇게 회사에 채용이 되었다. 원하는 디자인 일은 아니었지만, 뭐든 열심히 했다. 일 욕심이 많아서 시키는 일만 하지 않았다. 오히려 "그거 제가 할게요, 저 시켜주세요." 하면서 온갖 잡일을 도맡아서 했다. 나중에는 홍보실로 발령이 나서 잡지 광고와 컬렉션 홍보 자료 작성, 연예인 협찬 건 등의 일을 맡아서 하게 되었다. 본인은 운이 좋았다고 하지만, 열심히 하니까 회사에서도 알아보고 좀 더 중요한 일을 맡긴 것이다.

그러는 사이 고급 보석류로 만든 명품 주얼리 제품보다는 보다 대중적이고 다양한 소재를 이용한 패션 주얼리에 대한 관심이 시장에 형성되었다. 그래서 다니던 회사를 그만두고 남대문에 있는 패션 주얼리 회사에 들어가 본격적으로 주얼리 제작 업무를 하기 시작했다. 그리고 얼마 후 더 큰 시장을 보고 중국으로 건너오게 된 것이다. 나도 겪어봐서 알지만, 말도 통하지 않는 중국에서 혼자 얼마나 힘들고 외로웠을지 짐작이 갔다. 박희진을 처음 만났을 때 인상적이었던 것이 얼굴은 고운데 손이 벌겋게 퉁퉁 부어 있었다는 점이다. 나중에 왜 그런지 물어보니 겨울에 동상이 걸려서 그렇다고 했다. 어리지만 존경스러웠다.

함께 힘든 시기를 보내면서 그 친구와 많이 친해졌다. 나는 6개월 만에 다니던 회사를 그만두고 나왔지만 중국에서 내 사업을 하는 동안에도 계속 친분을 이어갔다. 그렇게 몇 년이 지난 어느 날, 그 친구가 나를 찾아와서 고민을 토로했다. 다니던 회사를 그만두고 나오려

185

고 하는데 어떤 회사로 옮겨야 할지 결정을 못하겠다는 것이다. 일을 잘하니까 오라는 회사는 많았다. 그중에는 연봉도 높고 업무 조건이 좋은 회사들도 몇 군데 있었다. 그런데 그 친구는 연봉도 적고 혼자서 해야 할 일도 많은 규모가 작은 J사가 끌린다고 했다. 연봉보다는 회사의 비전을 보고 있던 것이었다. 내가 보기에도 다른 회사는 그냥 평범해 보였지만 J사는 확실히 그 친구가 들어가면 서로 윈윈 할 수 있는 여지가 많아보였다. 그리고 무엇보다 J사는 내가 자주 일을 돕던 회사라 잘 알고 있었다. 그 회사의 사장님은 한국과 중국을 오가면서 오퍼만 하고, 중국 현지 하청 공장에 직원 한 사람만 파견 형태로 두고 있었다. 사장이 자리를 비우면 하청 공장 관리가 제대로 이루어지지 않는 문제점이 있었지만, 하청 관리를 똑 부러지게 할 관리자만 잘 두면 사업이 성장할 가능성이 충분했다. 박희진처럼 능력 있고 열정적으로 일할 직원이 필요했던 것이다. 나는 그 친구에게 J사에 가라고 했다. 대신 독립된 사무실을 내주고 재량권을 달라고 협상하라고 했다.

결국 내가 조언한 조건으로 J사에 입사했다. 그리고 그 친구가 일하기 시작하면서 J사는 급성장하기 시작했다. 원래 파견 나가있던 하청 공장 외에 다른 공장을 뚫어서 거래를 시작한 덕분이었다. 그러다 보니 자연히 하청 공장들끼리 경쟁을 하게 되었고, 품질은 물론이고 납기와 단가까지 획기적으로 개선되었다. 회사의 매출도 점차 늘기 시작했다. 매출이 단 3년 만에 10배가 늘었을 정도였다. 연봉도 처음과는 비교도 안될 만큼 올랐다. 하지만 그럴수록 일의 강도는 더욱 세졌다. 처음엔 혼자였던 사무실에 직원이 10명 이상 되었지만 항상 일손이 모자랐다. 사람을 더 뽑으려고 해도 중국 청도에서 믿을 만하고 능력 있는 인재를 구하기가 쉽지 않았다. 결국 박희진은 너무 힘들어서 더 이상 일을 못하겠다고 했다. J사 사장은 연봉을 올려주겠다고 했지만, 돈보다는 쉬고 싶은 생각이 더 컸던지라 그 제안을 거절했다. 고민 끝에 J사 사장은 회사 지분을 나눠주기로 했다. 당장 그 친구가 그만두면 회사가 큰 손실을 입게 될 것이 뻔했기 때문이다. 회사 지분을 나눠준다는 제안에 박희진도 흔들렸다. 지분이 생기면 이제 직원이 아니라 당당한 사업 파트너가 되는 것이었다. 제안을 받아들이면서 그 친구는 중국에 와서 고생한 지 7년여 만에 마침내 한 기업의 어엿한 사장이 되었다.

7년이다. 말도 통하지 않고, 휴일에 제대로 놀만한 곳도 없고, 정붙일 데도 없는 그런 타국에서 겨울에 퉁퉁 부은 손을 호호 불어가면서 견뎌낸, 20대를 다 보낸 시간의 값진 보상이었다.

나는 이런 사례들이 널리 알려져야 한다고 생각한다. '나는 못해' '내가 왜 해'가 아니라, '내가 할게' '나도 할 수 있어'가 되어야 한다. 지금 커피 좀 타고 상사 심부름 좀 했다고 절대로 내 가치가 떨어지는 것이 아니다. 내가 정말 하고 싶은 일을 하기 위해 거쳐야 하는 단계라고 생각하면 견딜 수 있다. 중요한 것은 자신이 가진 열정의 크기다.

'n포 세대'라고는 하지만 그들 사이에도 자신이 하고 싶은 일을 찾아 열정을 불태우는 사람들이 분명 있다. 학력, 스펙, 나이, 성별 등의 모든 제약을 뛰어넘어 남 눈치 보지 않고 자기 일을 찾아서 하는 사람들. 그들이야말로 이 시대의 희망이고, 대한민국의 미래라고 생각한다. 우리의 희망은 '사람이 미래'라고 말로만 떠드는 대기업 광고 속에 존재하는 것이 아니라, 화려하지 않아도 나름의 행복과 성공의 기준을 가지고 한 발 한 발 내딛는 도전에 존재한다.

여러분은 대한민국 사회가 부조리하고 불평등하고 기회에 야박한 사회라고 생각하지만, 달리 생각해보면 꼭 그렇지만은 않다. 탈북 여성이 목숨을 걸고 혈혈단신 남한에 정착한 후 열심히 공부하고 노력해서 박사학위를 따고 대학교수가 된 사람도 있다. 이 사회가 정말 부조리하고 불평등한 사회라서 약자에게 기회조차 주어지지 않는다면 그런 사람들이 어떻게 나올 수 있었겠는가. 환경과 제약을 극복하고 꿈을 이루고, 성공과 행복을 쟁취한 사람들이 너무도 많아서 일일이 꼽기도 벅차다. 그런데 자유민주주의 국가인 대한민국에서 태어나 가족이 있고, 대학까지 나온 당신은 무엇을 하고 있는가.

될 때까지
도전하고 응전하라

너무 늦었다고 생각하나? 청춘은 한 철 꽃잎처럼 쉬이 지는 소모품이 아니다. 법적으로 청년은 만 39세까지로 정의되고 있다. 이를 좀 더 확대해서 해석하면 20대에 미처 해결하지 못한 문제가 있으면 30대에 해결하면 된다. 우리나라 20대 중 많은 수가 스펙 쌓기와 취업 준비로 시간을 보내면서 미래의 희망보다는 현재의 절망에 더 크게 반응하고 있는 이때, 안 된다고 미리 포기하기 전에 우리에게는 20년이라는 넉넉한 시간이 있다고 생각하고 그 사이 다양한 도전과 실천으로 많은 경험 자산을 차곡차곡 쌓아두길 바란다. 언제가 그 자산이 복리이자가 되어 돌아올 날이 반드시 있을 것이다.

실패에서 기회를 찾아라

일단 되든 안 되든 간에 20대에는 목표를 높게 잡는 것도 나쁘지 않다. 실패하더라도 만회할 기회가 얼마든지 있기 때문이다. 가진 게 많은 사람은 그럴 필요가 없을 수도 있지만, 가진 게 없는 사람이라면 정해진 목표를 향해 무조건 올인해야 한다. 어차피 밑져야 본전 아닌가. 목표가 '10'인 사람이 하다하다 안 되면 '7'에서 끝이 나지만, 처음부터 목표가 '5'였던 사람은 그걸 다 이루어도 '5'밖에 안 된다. 목표를 크게 잡으라는 것은 그런 이유 때문이다. 나는 요즘 젊은 친구들을 보면 가진 것도 없으면서 뭘 저렇게 망설이고 몸을 사리나 하는 생각이 든다. 잃을 것도, 지킬 것도 없으니 일단 질러봐라. 고생할 각오, 죽을 각오하고 덤벼들어야 한다.

그런데 여기서 오해하지 말아야 할 것이 있다. 목표를 높게 잡으라는 것은 자신의 능력을 벗어나는 허황된 도전을 말하는 게 아니다. 실패해도 좋지만, 그것도 다 자신이 감당할 수 있는 리스크 범위 내에서 해야 한다. 제대로 된 준비도 없이 일만 크게 벌렸다가 뒷수습을 못하면 나뿐만 아니라 주변 사람들에게까지 피해를 끼칠 수 있기 때문이다. 사실 우리 사회가 실패에 매우 취약한 나라인 것은 틀림없다. 사회 전반적인 분위기가 실패를 용인하지 않고, 실패 후에 재기를 지원하는 것에도 인색한 편이다. 그렇기 때문에 도전에 있어서 더 신중할 필요가 있다.

그런 의미에서 실패의 가능성을 최소화하기 위한 노력과 마음가짐이 필요하다. 특히 어떤 일을 시작할 때 최소한 3년, 기본 5년은 버틸 생각을 해야 한다. 그런데 우리나라 사람들은 성질이 급해서인지 단시간에 승부를 보려고 한다. 느긋하게 기다리는 여유가 없다. 조금 해보고 안 된다 싶으면 금방 포기해버린다. 분야를 막론하고 창업한 지 1, 2년 안에 폐업하는 비율이 높은 이유도 그 때문이다. 귀농을 해서 과실나무를 하나 심어도 종류에 따라 다르겠지만, 열매를 따서 수익을 내려면 짧게는 2~3년 길게는 7~8년까지도 기다려야 한다. 그래서 귀농을 할 때도 3년 이상 수입 없이 버틸 각오로 내려가야 한다. 그런데 대충 1년 정도 생활할 자금만 마련해서 내려갔다가 못 버티고 포기하는 사람들이 많다.

내가 이렇게 이야기하면 결국 자금이 없으면 사업도 시작하지 못하는 것 아니냐고 반문할지 모른다. 그러나 내 말은 결코 그런 뜻이 아니다. 자금 없이 시작해보고 실패도 경험해보라는 것이 내가 하고 싶은 말이다. 실패가 두려워서 아예 처음부터 도전하지 않는 것보다 실패 후 그 경험을 바탕으로 다시 도전할 때 우리에게 더 많은 기회가 주어진다는 사실을 알아야 한다. 횟수가 거듭될수록 점점 성공의 가능성도 높아진다.

수요포럼에서 만난 '국대떡볶이' 김상현 대표의 이력은 정말 재미있다. 어렸을 때부터 사업가가 되는 것이 꿈이었다는 김상현 대표는 대학교 1학년을 중퇴하고 군 제대 후 창업을 결심했다. 부모님을 졸라 유학을 핑계로 캐나다로 간 김 대표는 부모님이 학비로 보내준 돈으로 장사를 시작했다. 처음부터 학교 졸업장에는 관심이 없었던 그는 소자본으로 시작한 장사에서 거의 소득을 보지 못한 채 4년 만에 귀국해 대출을 받아 의류 사업을 시작했다. 그럴싸한 사업기획안을 작성해 부모님을 설득했기에 가능한 일이었다. 이 역시 성공적이지 못했다. 결국 빚만 지고 사업을 접어야 했다.

　그러나 그는 여기서 포기하지 않고 새로운 사업 아이템 구상에 들어갔다. 그때 그의 눈에 띈 것이 떡볶이였다. 평소 떡볶이를 좋아했던 김 대표는 가늘고 긴 옛날식 밀가루 떡볶이가 점점 사라져가는 것을 안타깝게 생각하던 중 이걸 브랜드로 만들어 팔면 대박이 날 것 같다고 생각했다. 그래서 밀가루 떡볶이로 유명한 노점상을 찾아가서 주인아주머니에게 조리법을 알려달라고 부탁드렸다. 처음엔 안 된다고 하던 아주머니가 김 대표가 포기하지 않고 계속 찾아가니까 만드는 과정을 잠시 동안 지켜볼 수 있게 허락해 주었다. 그렇게 눈대중으로 익혀온 조리법을 집에서 그대로 재현해 봤지만, 아무리 해도 그 맛이 나지 않았다. 당연한 일이었다. 결국 혼자서는 해결이 안날 것 같아서 다시 아주머니를 찾아갔다. 그러자 그제야 아주머니가 마지막 비법을 알려주셨다. 젊은 친구가 와서 장사를 해보겠다고 조리법을 알려달라고 하는데 정말 끝까지 포기하지 않고 열심히 할 친구인지 시험해보려고 일부러 한 가지를 안 알려주신 거였다.

　그렇게 어렵게 떡볶이 만드는 법을 전수받은 김 대표는 이대 앞에서 노점상을 시작했다. 여대생들을 상대로 떡볶이 맛에 대한 자신감을 얻은 후 지인들의 도움으로 신사동에 점포를 얻어 본격적인 영업에 들어갔다. 가게 내부 공사 중에도 '국대'라는 간판을 먼저 내다 걸었다. 그랬더니 그 동네 사람들이 오다가다 간판을 보고는 무슨 가게냐고 궁금해 했다고 한다. 소비자들의 호기심을 자극하려는 작전이 먹힌 것이다. 그리고 마침내 가게를 오픈하는 날, 첫날부터 손님이 엄청나게 밀려들었다. 한 마디로 대박이었다. 그렇게 입소문을 타기 시작한 국대떡볶이는 승승장구하며 120개 지점에 연 매출 500억에 달하는 큰 회사로 성장하게 되었다.

김상현 대표의 사례는 청년들에게 많은 용기와 자극이 될 만한 이야기다. 우선 학력이나 스펙에 연연하지 않고도 자기 살 길을 스스로 개척했다는 점이 그렇고, 큰 자본이나 기술 없이 사업을 시작한 점이 그렇다. 무엇보다 몇 번의 실패에도 포기하지 않고 다시 시작해 결국 성공의 기회를 잡았다는 점에서 그렇다. 실패를 통해 배우고 실패를 통해 또 다른 추진 동력을 얻는 것이야말로 성공을 위한 가장 큰 자산이 아닐까.

나 역시 실패의 경험이 있다. 중국에서 첫 직장을 도망치듯 나와서 한국으로 돌아온 나는 내 사업을 시작하기 위한 준비에 들어갔다. 중국에서 나오기 전부터 이런저런 사업 아이템을 구상 중이었다. 그 중에 하나가 중국에 취업하기를 원하는 한국 학생들을 위한 중국 연수 프로그램이었다. 단순히 중국어만 배우는 것이 아니라, 프로그램을 이수한 사람들을 인력난에 시달리고 있는 중국 진출 한국 기업에 소개하는 취업 알선 프로그램도 함께 운영할 계획이었다. 마침 나의 이런 사업 아이템에 관심을 보이는 사람들이 있었다. 청도 시내에서 만나 친해진 한국인 두 명이었는데, 둘 다 국내 최고 대학 출신의 인재였다. 그들은 내 사업 아이템이 정말 좋다면서 준비만 잘 하면 분명 성공할 것이라며 함께 하자고 했다.

그렇게 의기투합하여 함께 연수 프로그램을 짰다. 청도대학과 연계해 그곳의 기숙사에서 숙식하면서 매일 중국어 2시간, 영어 2시간, 무역실무 2시간 등 하루 평균 8시간씩 공부하는 6개월 코스로 경쟁력 있는 프로그램을 만들어보자는 것이 취지였다. 또한 학비는 한국 노동부의 지원을 받아 80%를 해결하고 학생들은 나머지 20%만 부담할 수 있게 했다. 프로그램을 소개하고 학생들을 모집, 관리할 사이트도 구축했다. 이렇게 세팅을 하는 데 꼬박 3개월을 집중해야 했다. 이후 두 사람은 중국 현지에서 프로그램 운영과 사이트 관리를 맡아서 하고 나는 한국에서 학생들을 모집해 중국으로 보내는 역할을 맡기로 했다.

나는 지방의 여러 대학교를 돌아다니며 열심히 영업을 했다. 동업이긴 하지만 내 아이디어로 시작한 첫 사업이었기 때문에 기대가 컸다. 더구나 당시 나는 2년 동안 청도에서 직장 생활을 하면서 모아놓은 3천만 원을 몽땅 투자한 상태였다. 전 재산이었기 때문에 어떻게든 사업을 성공시켜야 했다. 처음엔 자신이 있었다. 중국이 이제 막 부상하고 있을 때라서 중국 진출에 대한 사회적 관심도 높았고, 중국 취업을 희망하는 학생들도 점차 늘어나고 있는 추세였다. 반면, 이미 중국에 진출해 있는 한국 기업들은 유능한 인재를 구하는 일에 어려움을 겪고 있는 실정이었다. 양쪽 다 정보가 부족했고, 마땅한 인력 양성 프로그램 같은 것이 거의 존재하지 않았다. 그런 상황이라 우리의 정보력과 프로그램이면 충분히 승산이 있을 것 같았다. 학생들의 반응도 좋았다. 금방이라도 뭔가 될 것 같은 기분이었다.

그런데 시간이 지날수록 이상했다. 내가 학생들을 중국으로 보내려고 하면 중국 쪽 파트너들은 아직 연수를 진행할 시스템이 덜 준비되었으니 학생들을 보내지 말고 조금만 기다리라고 하는 것이었다. 처음에는 그 말을 믿고 기다렸다. 그런데 시간이 흘러도 학생들을 보내라는 말이 없었다. 그제야 뭔가 이상하다는 생각이 들었다. 부랴부랴 상황 파악을 해보니 나를 따돌리고 자기들끼리 이미 국내의 모 업체와 조인해서 다른 루트로 학생들을 모아 프로그램을 진행하고 있었다. 사기를 당한 것이다. 나의 첫 사업은 제대로 시작도 해보지 못하고 내 아이템과 돈만 날린 채 실패로 끝나고 말았다.

이 실패가 내게 가져다준 여파는 엄청났다. 사업을 시작한다고 사장 명함 파고 돌아다니면서 나도 모르게 우쭐한 마음이 들었다. 그런데 이렇게 시작도 해보기 전에 사기를 당해 망하다니, 쥐구멍이라도 있으면 들어가 숨고 싶은 심정이었다. 그러나 이렇게 창피한 마음도 잠시, 당장 먹고 살 일이 막막해졌다. 전 재산이라고 할 수 있는 돈을 몽땅 날리고 수중에는 단돈 20만 원이 전부였다. 그 돈으로 종로 탑골공원 근처 고시원에 방 하나를 얻어 생활했다. 창문도 없는 좁은 방에 책상 밑으로 다리를 집어넣어야 겨우 사지를 펴고 잠을 잘 수 있는 방이었다. 당시엔 추운 겨울바람을 피할 수 있는 공간이 있다는 것만으로도 감지덕지였다. 끼니를 꼬박꼬박 챙기는 것은 사치고, 하루 한 끼라도 먹을 수 있으면 다행이었다. 그런 생활을 계속할 수는 없었다. 그래서 어떻게든 돌파구를 찾아야 한다는 생각에 다시 중국으로 들어가 패션 주얼리 회사에 취직을 하게 된 것이다.

돌아보면 내가 만약 그때 첫 사업에 실패하지 않았다면 중국에 다시 들어가지 않았을지도 모른다. 그랬다면 패션 주얼리 사업과도 인연을 맺지 못했을 것이다. 개인적으로 나는 그때 실패가 성공을 위한 또 다른 기회라는 것을 실감했다. 실패를 실패로 인정하고 받아들이는 것도 용기가 필요한 일이다. 실패에는 분명 원인이 있다. 그것을 찾아내 제거해나가는 것이야말로 진정한 실력이다.

중국에서 어느 정도 사업정리를 하고 한국에 들어온 후 나는 저작과 강연 활동 외에 창업을 준비하는 청년 사업가들에 대한 투자를 시작했다. 규모는 크지 않지만 이제 막 자기 사업을 시작했는데 자본이 부족해 어려움을 겪고 있는 사람들 중에서 내가 도움을 주면 사업을 잘 이끌어 나갈 것 같은 사람에게 투자를 하고 싶었다. 말로만 잘해 봐라, 힘들어도 열심히 해봐라 할 것이 아니라 그들에게 현실적인 도움을 주고 싶은 마음이 컸던 것이다. 물론 투자한 사업이 잘 되면 내게도 이익이 돌아올 것이라는 기대도 있었다.

그렇게 내가 처음으로 투자를 한 사람은 인터넷 창업투자 관련 커뮤니티에서 만난 30대 초반의 여성 창업자였다. 동업으로 의류 쇼핑몰 사업을 시작했다가 친구와 사이가 벌어져 결별을 하면서 친구의 지분을 다 빼주고 자금난을 겪고 있는 상태였다. 내 나름대로는 첫 투자였고, 평소 알던 지인도 아니고 해서 보내온 서류를 꼼꼼하게 확인하고 투자를 결정했다. 결론부터 말하자면, 이 투자는 실패로 끝나고 말았다. 사업이 생각했던 대로 잘 풀리지 않았던 것이다. 여러 가지 복잡한 상황이 있지만 각설하고, 어쨌든 계약한 내용이 있어서 내게서 투자를 받은 친구는 그 금액만큼 빚을 떠안게 되었다.

사실 이러한 실패는 누구나 할 수 있다. 진짜 중요한 것은 그 다음부터다. 이렇게 빚만 떠안고 실패했을 때 어떤 사람은 어떻게든 자기 힘으로 빚을 갚으려고 하면서 또 다시 재기를 노리는가 하면, 어떤 사람은 빚이고 뭐고 배 째라 식으로 버티고, 또 어떤 사람은 극단적인 막장으로 치닫기도 한다. 내게 빚을 신 친구는 다행히 첫 번째 경우라서 자신이 망친 일을 만회해보려고 노력하고 있다. 일단 다른 사람이 하는 회사에 들어가서 월 200만 원씩 받고 일을 시작했다. 그렇게 번 돈으로 빚을 일부 상환하고 나머지는 자신의 회사를 다시 살리기 위해 모으고 있다. 그 태도가 마음에 들어서 그 친구에게 지금 잘하고 있는 거라고, 그렇게 실패를 딛고 다시 재기하려는 의지만 보인다면 원금 상환을 조건으로 이자는 면제해줄 수도 있다고 말했다. 나도 사업을 하는 사람인데 투자한 돈을 돌려받는 것이 우선이지만, 실패를 이겨내려는 청춘을 응원해주고 싶은 마음 또한 크다. 나 역시 그런 도움이 절실하던 시절이 있었기 때문이다. 물론 도움을 받을 자격이 있는 사람에게만 그런 호의가 베풀어진다는 것은 당연하다.

어떤 실패도 즐거운 경험이 될 수는 없다. 때론 그 실패가 인생을 절망의 구렁텅이로 몰아넣을 수도 있다. 실패가 새로운 경험과 기회를 줄지언정 가능하면 실패의 리스크는 줄이는 것이 좋다. 그렇기 때문에 실패도 자신이 감당할 수 있는 정도로만 해야 한다고 말하는 것이다. 감당할 수 없는 실패라면 되도록 하지 않는 것이 좋다.

새로운 사업을 시작할 때 실패의 확률을 줄이는 팁이 있다. 우선 자신이 잘 할 수 있는 분야를 선택해야 한다. 하고 싶은 일과 잘 할 수는 있는 일은 엄연히 다르다. 자신이 잘 할 수 있는지 없는지 알기 위해서는 직접 경험해서 터득하는 경우와 간접 경험으로 아는 두 가지 방법이 있다. 이 두 가지를 모두 충족시키는 방법이 바로 해당 분야에 취직을 해서 일을 해보는 것이다. 당장 월급이 얼마인지, 일이 얼마나 힘든지 따지지 말고 1년이든 2년이든 일을 하면서 배워보라는 것이다. 카페를 운영하고 싶다? 그러면 바리스타 자격증 따서 부모님께 손 벌려 가게부터 열 생각하지 말고, 다른 카페의 점원으로 들어가서 일단 일을 배우면서 손님의 취향도 연구하고 가게 운영의 노하우도 익혀라. 그런 다음 자신의 가게를 열어도 늦지 않는다. 그게 1, 2년 만에 투자금 다 날리고 빚만 떠안은 채 폐업하는 것보다 훨씬 안전한 방법이다.

청년 창업만 그런 것은 아니다. 대기업 다니다 퇴직하고 치킨집이라도 해보려고 하는 분들도 프랜차이즈에 몇 백만 원 주고 2~3주 교육 받고 난 후 바로 가게를 낼 생각하지 말고 좀 창피하더라도, 좀 고생스럽더라도 다른 사람이 하는 치킨집에 점원으로 들어가서 1년만 경험을 해보길 바란다. 내내 책상 앞에 앉아 자판이나 두드리던 사람이 갑자기 안 하던 장사를 하려니 망하는 것이다.

세상의 목소리에도
귀 기울여라

　최근 캐나다 여행을 통해 놀라기도 하고 부럽기도 했던 점은 자신의 삶에 만족하면서 사는 그곳의 사회 분위기였다. 그 나라 사람들은 아침 8시에 출근해서 여덟 시간만 일하고 4~5시에 퇴근하는 것이 거의 일상화되어 있다. 그리고 퇴근 후의 삶을 여유롭게 즐긴다. 월급의 반을 세금으로 내지만, 나중에 복지혜택으로 다 돌아올 것이라는 믿음 때문인지 불만도 별로 없다. 확실히 우리와는 사회 분위기가 확연히 달랐다. 선진국답게 여유롭고 경쟁이 덜한 사회다. 그러다 보니 사업을 하더라도 확 튀는 사업을 잘 안 한다. 한 마디로 한방을 노리는 사람들이 별로 없다는 의미다. 그런데 우리나라는 사업을 하면 전부 한방을 노린다. '대박'이라는 말이 일상어가 될 정도로 한 번에 큰돈을 버는 것에 집착한다. 누구나 너무 쉽게 성공 신화를 꿈꾼다. 그러나 누구에게나 쉽게 일어나는 일이 '신화'가 될 수는 없다.

　뭐든 단시간에 이루려는 조급증도 문제다. 그러니 1, 2년 일을 배우고 경험을 쌓으라고 하면 괜히 남들한테 뒤처지는 느낌 때문에 기피하는 것일지도 모른다. 뭐든 빨리 빨리 하려는 성향이 한국 경제의 고속성장에 일조한 측면도 있다. 그러나 그것은 과거의 일이고 이제 우리나라도 미국, 캐나다, 유럽의 선진국들처럼 삶의 속도를 조절할 필요가 있다. 우리나라가 아직 선진국이 되려면 멀었는데 무슨 소리 냐고 할 분들도 있겠지만 나는 이제 우리 사회도 그럴 때가 되었다고 생각한다.

사람도 성장기라는 것이 있듯이 한 나라의 경제도 마찬가지라고 생각한다. 성장기 때에는 그야말로 폭풍성장을 한다. 그러다 성인이 되면 성장 속도가 줄어들고 오히려 노화가 시작된다. 성인이 된 후에 도 계속 성장을 하면 장애가 발생할 것이다. 경제도 어느 정도 성장 한 후에는 성장 상태가 유지되거나 조금씩 퇴보를 겪기 마련이다. 우 리나라도 이미 저성장 모드에 접어들었다. 이제는 그런 환경에 맞는 경제 활동을 펼쳐야 실패의 확률을 줄일 수 있다.

당신을 위한 기회가 반드시 온다

앞서 내가 중국에서 사업을 해서 성공한 이야기들을 단편적으로 소개했는데, 좀 늦은 감은 있지만 나의 사업 스토리를 좀 더 구체적으로 풀어볼까 한다. 아마 대부분은 힘들었던 고생담일 것이다. 그리고 중국이라는 나라가 결코 만만한 곳이 아니라는 점도 다시금 강조하게 될 것이다. 좋은 이야기, 멋진 이야기만 골라서 할 수도 있다. 하지만 그것은 여러분을 기만하는 일이라고 생각한다. 세상에 쉽게, 거저 얻어지는 것은 없다는 것을 알아야 한다. 그래도 한 가지 희망적인 것은

203

내가 여러분보다 특별히 잘난 점이 없다는 점이다. 나 같은 사람도 이 악물고 도전하면 성공할 수 있다는 것을 보여주고 싶다.

창업 후 3년 동안 거의 돈 될만한 일 없이 지냈다. 그렇다고 회사 문을 닫을 수는 없어서 어떻게든 버텨보려고 나는 돈 되는 일은 뭐든지 했다. 당시 주요 거래처 중에 프랑스의 '바이노'라는 회사가 있었다. 바이노는 로레알 등 유명 화장품 브랜드에 프로모션 아이템, 즉 판촉용 경품을 공급하는 회사였다. 주로 종이노트, 박스, 스카프 등의 물품을 취급했고, 간혹 액세서리도 다뤘다. 바이노와의 인연은 홍콩쇼에서 로라라는 바이어를 만나면서 시작됐다. 로라는 바이노의 여사장으로 굉장히 까다롭고 공격적으로 일을 하는 사람이었다. 그녀는 내게 크지 않지만 오더를 간간히 주었다. 오더가 거의 없던 시절이라 그게 고마워서 나는 일이 없을 때 일당을 받고 검수 대행을 해주기도 했다. 바이노가 중국 모처에 있는 공장에 발주를 하면 내가 그곳에 찾아가 제품을 검수해주는 일이었다.

한동안 나는 바이노의 검수 대행을 하느라 넓은 중국 땅을 구석구석 누비고 다녔다. 발주 공장들은 대개 비행기를 타고 가서 또 버스를 한참 타고 가야 하는 시골구석에 있었다. 바이노는 취급하는 물품도 워낙 다양하고 거래하는 공장도 많았다. 거기를 일일이 찾아다니느라 당시 차를 운전해주던 조선족 친구와 함께 고생 꽤나 했다. 한

밤중에 자다가도 연락이 오면 곧바로 조선족 친구와 함께 차를 몰고 나가서 바이노의 일을 봐주었다. 그렇게 우리 공장 일과는 상관없는 제품 검수를 해주면 10건 당 1건 정도의 비율로 우리에게도 액세서리 제품 오더가 떨어졌다. 그것 때문에 힘들어도 밤낮으로 바이노 여사장의 비위를 맞추며 뛰어다녔다.

사실 나와 나이 차이도 많이 나지 않는 젊은 외국인 여자의 까다로운 성격을 맞추며 이리저리 시키는 대로 뛰어다니는 일이 쉽지만은 않았다. 그게 은근히 스트레스였나 보다. 한 번은 술에 취해서 한밤중에 프랑스로 전화를 걸어 로라에게 내가 얼마나 힘들 줄 아냐며 술주정을 하기도 했으니 말이다. 취해서 정신이 없는데 이상하게 영어는 술술 더 잘 나왔다. 다음 날 아침에 정신을 차리고는 아차 싶었다. 목숨줄이나 다름없던 바이어에게 술주정을 하다니! 나는 정신을 차리고 로라에게 다시 전화를 걸어 간밤의 일을 사과했다. 화를 낼 줄 알았는데 고맙게도 이해한다면서 오히려 인간적인 면이 있어 좋다고 말해주었다. 일할 때는 까다롭게 굴던 사람이 사적으로는 누나 같은 너그러움을 보여주니 괜히 더 미안해졌다.

어찌되었든 간에 그렇게 자존심 따위는 다 묻어두고 버틴 덕분에 2008년 금융위기 상황에서 나는 도리어 기회를 잡을 수 있었다. 당시 상황은 중국에 들어와 있는 액세서리 공장들에 치명적이었다. 미국이나 유럽 쪽 경기가 급격히 나빠지면서 그나마 조금씩 들어오던 작은 오더들도 모두 끊기고 몇 달 전에 발주한 오더까지 다 취소되는 상황이었기 때문이다. 주변의 공장들이 줄줄이 문을 닫는 것을 보면서 나 역시 이대로 끝인가 보다 하는 불안한 마음으로 하루하루를 버티고 있었다.

그런데 중국 내 패션 주얼리 업계가 이렇게 갑자기 위기를 맞은 데에는 그동안 껴있던 거품의 영향도 컸다. 내가 처음 이 사업을 시작할 당시 홍콩쇼에서 본 모습이 거의 다 거품이었던 것이다. 예전에 홍콩쇼에 가면 유독 호주에서 온 바이어들이 많았다. 그때는 별다른 의심 없이 그저 호주 시장이 큰 줄로만 알았다. 그런데 나중에 알고 보니 그들은 바이어가 아니라 대부분 관광객이었다. 쇼 주최 측에서 호주에서 벌인 대대적인 홍보 이벤트 덕분에 호주 관광객들이 한꺼번에 몰려왔던 것이다. 처음엔 그냥 재미삼아 왔다가 제품의 가격이 워낙 싸니까 고국에 사가지고 가서 좀 팔아볼까 하는 생각에 다량 구매해 간 사람이 많았다. 한마디로, 반짝 특수였던 것이다. 그런데 나를 비롯해 당시 홍콩쇼에 참가한 생산업체들은 그런 사정을 잘 몰랐다. 나중에서야 호주 시장 자체가 크지 않아서 안정적인 오더가 꾸준히 나오기 힘들다는 것을 알았지만 별다른 대책이 없었다. 결국 거품이 꺼지고 나자 무리하게 사업을 확장하거나 방만하게 운영하던 업체들이 금융위기 때 죄다 쓰러지게 된 것이다.

나 역시 힘들었다. 하지만 우리 회사는 규모가 크지 않았던 탓에 오히려 타격도 그만큼 크지 않았다. 힘들긴 했지만, 그동안도 쭉 힘들었기 때문에 그럭저럭 견딜 만했다. 그런 상태로 또 다시 6개월이 흘렀다. 슬슬 유럽 쪽 바이어들에게서 연락이 오기 시작했다. 처음에는 나에게 오더를 주려고 연락을 한 것이 아니라 현지 사정이 어떤지, 어디에서 샘플을 구할 수 있는지를 묻는 경우가 대부분이었다. 나는 싫은 내색을 하지 않고 성심성의껏 그들을 돕기 위해 이것저것 알아봐주었지만, 해외 바이어들이 말한 큰 규모의 공장들 상당수가 문을 닫았다는 걸 확인할 수 있을 뿐이었다. 도움을 주고 싶어도 그럴 수가 없는 상황이었다. 내가 미안하다고 하니까 오히려 그쪽에서 더 미안해하면서 물었다.

"혹시 당신 회사는 어떻습니까? 공장을 돌릴 수 있습니까?"

나는 속으로 쾌재를 불렀다.

"물론입니다. 당장 샘플을 보내겠습니다."

납기 때문에 초조했던 바이어들은 지푸라기라도 잡는 심정으로 나에게 오더를 주기 시작했다. 워낙 작은 업체이고, 그동안 거래 실적도 크지 않다 보니 그들도 반신반의했을 것이다. 하지만 그들도 선택의 여지가 없었다. 그나마 살아있는 공장이 있다는 것에 감격스러워

207

했다. 나는 성심성의껏 그들의 요구에 맞춰 제품을 생산해 보냈고 반응이 나쁘지 않았다. 그렇게 나에게도 준비된 기회가 찾아왔다.

그리고 마침내 큰 규모의 오더가 떨어졌다. 우리에게 오더를 준 사람이 바로 로라였다. 금융위기 때 그녀의 회사도 어려움을 겪는 바람에 우리에게 간간히 오던 작은 오더도 뚝 끊긴 상태였는데, 6개월 만에 다시 연락이 온 것이다. 이번에는 프로모션 아이템으로 패션 주얼리 세트를 주문했는데, 그 규모가 내가 참패션을 창업한 이래 가장 큰 규모였다. 이 오더 하나가 우리 회사를 살렸다고 해도 과언이 아니다. 과거 힘든 시절의 인연이 이렇게 빛을 발하게 될 줄 몰랐다. 이래서 사람은 언제나 자신이 처한 상황에서 할 수 있는 한 최선을 다해야 한다고 말하는 것이다. 어려운 시기에 그런 큰 건의 거래를 따낸 로라도 참 대단하다는 생각을 했다.

덕분에 우리 회사는 매출이 급격히 늘기 시작했다. 죽지 않고 끝까지 버티면 결국 이런 좋은 일도 생기는구나 싶었다. 회사는 점점 규모가 커졌다. 허름한 아파트에서 여직원 한 명 두고 시작한 사업체가 눈 깜짝할 사이 직원만 40명으로 늘어났다. 디자이너도 따로 두고서 우리가 직접 디자인하고 샘플까지 제작했다. 또 거래하는 하청 공장도 꽤 많이 확보를 해서 아무 때나 공장에 제작을 의뢰해도 전혀 문제없이 샘플을 공급받을 수 있었다. 이제 더 이상 샘플 구하러 구걸하

듯 돌아다닐 일이 없어진 것이다.

참패션의 주요 취급 품목은 목걸이, 귀걸이를 중심으로 한 패션 주얼리 아이템이고 팔찌, 시계, 스카프, 단추, 의류 부자재 등도 서브 아이템으로 취급하는데 조지오 아르마니, 프라이마크와 같은 세계 유명 패션 브랜드와 화장품 브랜드에 프로모션 아이템을 납품하거나 OEM 방식으로 생산했다. 홍콩쇼에도 매회 참가하여 해외 바이어들을 직접 상대했고, 자체 브랜드 개발에도 총력을 기울였다. 그 결과 한 해 매출 100억 원에 육박하는 탄탄한 업체로 성장하게 되었다.

준비한 사람만이
기회를 알아채고 잡을 자격이 있다

그리스 신화의 기회의 신 카이로스는 앞머리는 무성하고 뒷머리는 대머리인 것으로 알려져 있다. 이 말은 기회가 다가왔을 때 머리채를 잡아채듯 붙잡아야지, 지나가버리면 잡을 수 없음을 의미한다. 기회는 준비된 자에게 다가온다는 말을 우리는 귀에 못이 박히도록 들었다. 그러나 정말 제대로 준비를 하고 기다리는 사람은 많지 않다. 때론 기회가 온 줄도 모른 채 놓치고는 어영부영 세월만 보내는 사람도 많다. 그리고는 시간이 흘러 그때 그것이 기회였는데 놓쳤다고 후회한다. 그렇지만 한 번 지나간 기회는 다시 오지 않는다. 성공 비결은 특별한 비법이 아니다. 너무 자주 들어서 식상하다고 느끼는 교훈을 정말로 '실천'하는 것이다. 준비도 하지 않으면서, 내게는 기회조차 없다고 한탄하지 말고 철저히 준비하면서 기회를 기다려라. 당신을 위한 때가 반드시 온다.

중국 사업 10년을 통해 배운 것

중국에서 10년 동안 사업을 하면서 나는 많은 것을 얻었다. 돈도 벌고, 자신감도 얻고, 무엇보다 다른 어떤 것과도 바꿀 수 없는 소중한 경험을 얻었다. 지금은 어느 정도 중국 사업을 정리하고 나왔지만, 누군가 나에게 중국 진출에 대한 조언을 구한다면 할 말이 많다. 중국은 가능성만큼이나 상식적으로 이해할 수 없는 일이 벌어지기도 하는 나라다. 그래서 '중국은 이런 나라다'라고 한마디로 정의내리기가 쉽지 않다. 워낙 크고 많은 사람들이 살고 있어서 10년을 넘게 산나 같은 사람도 알다가도 모를 곳이 중국이니 말이다. 아니, 어쩌면 거기서 나고 자란 중국인들조차 자기 나라가 어떤 곳인지 정의해보라면 쉽지 않을 수 있다.

내가 여기서 중국이 어떻다고 아무리 떠들어봤자 현지에 직접 가서 경험을 해보는 것만 못할 것이다. 그래도 혹시라도 중국 진출에 대한 계획을 가지고 있는 사람이라면 미리 들어둬서 나쁠 건 없을 것이다. 물론 필요하다면 전문가들의 분석도 참고하길 바란다.

중국에서 사업을 하다 보면 참으로 어이없는 경우를 많이 당하게 된다. 한국에서라면 도저히 용납될 수 없는 일들이 중국에서는 버젓이 일어나고 또 그런 것들이 통하는 분위기다. 어떤 의미에서 중국은 정말 재미있는 나라다. 그런 곳에서 10년이라는 시간을 고군분투한 내가 어떤 때는 참 대단하다는 생각이 들곤 한다.

중국에서 사업을 하면서 가장 먼저 이해해야 할 단어가 바로 '꽈안시关系'와 '만만디慢慢的' 그리고 '뿌하오이스不好意思'와 '차부두어差多'다. 우선 꽈안시에 대해서 조금만 설명하자면, 최근 한국 기업들의 중국 진출이 활발해지면서 새롭게 조명된 단어가 바로 이 꽈안시가 아닐까 생각한다. 그런데 이 말의 뜻이 조금 잘못 알려진 것 같다. 꽈안시라고 하면 중국 현지의 실력자에게 먹여야 하는 뇌물 정도로만 생각하는 사람들이 있다. 물론 경우에 따라서는 어느 정도의 성의 표시가 오고가야 할 때도 있다. 하지만 꽈안시의 본질은 말 그대로 '관계'에 있다. 그리고 그 관계라는 것은 인간에 대한 기본적인 예의와 진심으로 다가가는 태도로 만들어가는 것이다.(앞서 사람들을 내 편으로 만드는 방법과 해외에 나갔을 때 현지 사람들과의 관계에서 주의할 사항들에 대해서 이야기했다. 참고해주길 바란다.)

만만디는 원래 '천천히, 행동이 굼뜨거나 일의 진척이 느림'이라는 뜻인데, 그보다는 일을 대충 하는 중국 사람들의 문제점을 지적할 때 쓰이곤 한다. 실제로 일을 적당히 해서 사회적으로 큰 문제가 된 경우가 중국에서는 자주 발생한다. 특히 수백 명의 인명피해로 이어질 수 있는 대형 안전사고의 위험이 도사리고 있다는 점이 가장 큰 문제라고 할 수 있다. 관리 책임자들 입장에서는 관리 감독을 철저하게 한다고 해도 부하직원들이 일을 대강 처리해버리니까 문제가 발생한다. 고위층에서는 분명 아무 문제없다고 보고를 받겠지만, 실상은 부실 관리로 인해 큰 사고가 일어날 가능성이 항상 존재한다. 중국인들의 안전 불감증에는 혀를 내두르게 된다.

이런 대충대충 정신은 일상에서도 자주 겪게 된다. 한번은 항공사에 항공권을 미리 예약하고 갔는데 난데없이 표가 없다는 것이다. 분명히 예약을 했는데 무슨 소리냐고 했더니 예약해놓고 안 오는 사람들이 있어서 일단 예약을 들어오는 대로 무조건 다 받는다는 것이다.

그래놓고 나중에 자리가 모자라면 '자리가 없다'는 한마디로 끝이다. 우리나라 항공사 같으면 일반석에 자리가 없으면 비즈니스석으로 업그레이드라도 해서 고객이 예약한 일정대로 탑승할 수 있도록 조치를 취할 텐데, 중국은 아무리 따져도 대책을 세우지 않는다. '배 째라'는 식이다. 돈 좀 아끼려고 했다가 괜한 낭패를 보기 싫어서 요즘도 어지간해서는 중국 항공사는 이용하지 않는다. '에이 설마' 하고 믿기지 않으시겠지만 사실이다. 물론 시간도 많이 흘렀고 요즘은 안 그러리라 생각하지만.

또 한 번은 한국에서 온 손님들을 모시고 중국 현지의 골프장에 가려고 예약을 했다. 그런데 막상 골프장에 가보니 클럽하우스 문도 닫혀있고 18홀 코스도 3개 중 2개는 못 쓰는 상황이었다. 나는 당장 매니저를 불러서 따졌다. 그랬더니 아무렇지도 않게 "그래도 한 코스를 열려있으니 그냥 가서 치라"는 것이었다. 황당해서 골프장 사정이 이러면 미리 말해줬어야 할 것 아니냐고 하니, 그걸 다 말해줬으면 안 왔을 것 아니냐고 오히려 당당하게 말하는 것이었다. 그 말을 듣고 나와 일행은 웃을 수밖에 없었다. 사기를 쳐도 이렇게 대놓고 당당하니 오히려 기분이 덜 나빴다. 결국 우리 일행은 당장 옷을 갈아입을 라커룸도 쓸 수 없어서 차에서 옷을 갈아입고 골프를 치고 왔다.

중국 사람들은 좀 과장해서 말하는 버릇이 있다. 어떤 공장이 계약을 하기 전에 자기 회사 시설에 대해서 이야기할 때는 말 그대로를 믿어서는 안 된다. 실제로 자신들이 갖춘 것보다 부풀려서 말하는 경향이 있다. 가서 조사를 해보면 말도 안 되게 뻥튀기한 경우가 많다. 따라서 중국 회사를 상대할 때는 항상 그런 부분을 염두에 둬야 한다. 취업을 하는 경우에도 잘 알아봐야 한다. 분명 완벽한 기숙사 시설을 갖췄다고 했는데, 막상 가보면 공사가 아직 덜 되어서 전기도 안 들어오는 곳인 경우도 허다하다.

중국에 가서 자주 듣는 말 중에 '뿌하오이스'라는 말이 있다. 이 말은 우리말로 '유감이다'라는 정도의 뜻이다. 그런데 이 말을 중국인들은 미안하다고 사과해야 할 상황에서 많이 쓴다. 처음엔 의아했다. 중국어를 배울 때 '미안합니다'라는 말은 분명 '뚜이부치对不起'라고 배웠다. 그런데 실제로 현지에서는 자신이 실수를 해서 '뚜이부치'라고 사과해야 할 때에도 '뿌하오이스'라고 말한다. 뉘앙스가 엄연히 다르다. 전자는 자신의 잘못을 인정하고 사과하는 것이고, 후자는 자기 잘못은 없지만 이렇게 되어서 유감이라는 뜻이다. 결국 자신의 실수를 인정하느냐 인정하지 않느냐의 차이다.

중국인들이 이처럼 자신의 실수를 인정하지 않는 데에는 역사적인 배경이 있다. 1960~70년대에 일어난 문화혁명 당시 인민재판을 통해 많은 사람들이 희생되었다. 그때 죄를 추궁 받던 사람들이 '뚜이

부치'라고 말하면 죄를 인정한 것으로 간주하여 전부 죽였다고 한다. 이 때문에 사람들은 점점 '뚜이부치'라는 말을 기피하게 되었다. 부모들도 자식에게 뚜이부치라는 말을 쓰지 말라고 가르쳤다. 이는 자신의 잘못을 인정하면 죽을 수도 있다는 원초적 공포에서 생긴 관습이라고 할 수 있다. 이런 배경 지식이 있으면 그들이 왜 그토록 미안하다는 말을 하기 싫어하는지 이해가 간다. 그렇다고 해도 사업을 해야 하는 입장에서는 속이 터질 수밖에 없다. 자기네들이 실수해놓고도 끝까지 인정하지 않으니 미치고 팔짝 뛸 노릇이다. 속 시원히 '잘못했다, 미안하다' 이 한 마디만 하면 나도 그냥 좋게 넘어갈 텐데 꿈쩍도 않는다.

해외 바이어와 납품 계약을 하게 되면 언제까지 선적을 하겠다는 납기가 있다. 이 납기가 바로 약속이다. 그런데 제품을 만들다 보면 생산라인이나 선적 일정에 차질이 생겨 납기를 못 맞추는 경우가 종종 발생한다. 이때 보통 선적이 일주일 늦으면 받을 금액의 5%, 2주일이 늦으면 10%가 깎인다. 그리고 3주가 늦으면 아예 오더가 취소되기도 한다. 그런데도 많은 중국 업체들이 납기를 잘 못 맞춘다. 한 마디로 약속이 지켜지지 않는 것이다. 그래놓고 자기들도 그만큼 금전적 손해를 봤다며 바이어에게 미안해하지도 않는다.

또 납품된 제품도 처음에 샘플로 계약했던 모양과 다른 경우도 부지기수다. 해외 바이어들이 중국 사람들하고 거래하면서 제일 기겁하는 말이 바로 '차부두어'라는 말이다. 이 말은 '차이가 많지 않다'는 뜻인데, 약속했던 디자인과 다른 제품을 가져와 놓고는 '차부두어'라고 하면서 대충 넘어가려고 한다. 100% 품질로 납품을 해야 하는데 98%만 되면 자기네들끼리는 '차부두어'니까 크게 신경 안 쓴다는 태도다. 당하는 입장에서는 미치고 팔짝 뛸 노릇이다. 아무 것도 모르고 중국에 와서 싼 가격만 보고 거래를 했다가 두 손 두 발 다 드는 바이어들도 많이 봤다. 예전에 우리 회사에서 디자인과 생산관리를 직접 하지 않고 오퍼만 할 때는 거래하는 공장들이 이런 식으로 나와서 곤란했던 경우가 한두 번이 아니었다. 완벽하지 않은 제품을 들고 와 버리면, 나만 중간에서 바이어들에게 거짓말을 한 꼴이 되어버리기 때문이었다. 나는 그런 것을 참을 수가 없었다. 거래 공장과 그 문제로 참 많이도 싸웠다. 그러다 보니 나중에는 거래를 할 때마다 몇 번씩 확인을 하는 버릇이 생겼다. 하도 속아서 나도 모르게 의심하는 버릇이 생긴 것이다.

이런 중국 업계의 관행은 결코 웃어 넘길 수 있는 일이 아니다. 관행이 무서운 게 한 번 자리를 잡으면 쉽게 깨어지지가 않는다. 납기가 늦어지면 신용도 잃지만 금전적으로도 손해를 보게 된다. 나는 중국에서 사업을 하는 동안 이러한 관행을 깨보려고 무던히도 애썼다.

설득도 해보고 거래를 끊겠다고 으름장도 놓아봤지만, 별 소용이 없었다. 그래도 점점 나아지고 있었고 내가 중국에서 나온 지도 몇 년이 흘렀으니 그 사이 더 좋아졌을 것이라고 믿고 싶다.

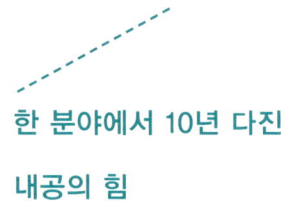

한 분야에서 10년 다진
내공의 힘

이렇게 중국이라는 나라의 속성을 피부로 느끼며 사업을 하는 동안 내 자신이 어떻게 해야 사업에서 성공할 수 있을지 역설적으로 많이 배웠다. 그들의 문화와 관습을 존중하되 휘둘려서는 안 된다. 또 그들이 그런다고 나도 똑같이 맞대응할 것이 아니라, 내 나름대로의 원칙을 가지고 경영을 해나가야 외국 바이어들을 상대할 때도 차별성이 부각된다는 사실을 깨달았다. 경쟁력은 바로 그런 데에서 생겨나는 것이다.

나는 이제 세계 어디를 가도 그 나라에 적응하면서 잘 살아갈 자신이 있다. 중국이라는 나라는 그만큼 나를 단단하게 만들었다. 내 삶에서 10년이라는 세월을 투자할 가치가 충분히 있었다.

당신이 알아야 할 중국

이밖에도 중국에 취업을 하거나 사업을 할 때 주의할 점 두 가지만 더 이야기하겠다. 우선 불안정한 금융과 증시다. 중국이 이룩한 경제 성장은 놀랍지만, 안으로 들어가서 보면 여러 가지 불안 요소가 자리하고 있는 것도 사실이다. 최근에는 어떤지 몰라도 내가 중국에 있을 때만 해도 은행에 가서 맡겨놓은 돈을 달러로 환전하려고 하면 달러가 부족하다며 일부만 주고 나머지는 미리 예약을 하고 다시 찾으러 오라고 했다. 그렇게 다시 예약을 하고 찾아가면 은행 직원뿐만 아니라 암달러상까지 와서 환율 경쟁을 하는 것을 현장에서 목격하게 된다. 암달러상이 은행 안까지 들어와서 영업을 하는 불법 행위가 버젓이 일어나는 것이다. 한 번씩 공안 단속이 떠서 암달러상을 잡아가기도 하지만, 보통은 그냥 대충 눈감아준다.

중국 정부는 이런 문제들을 덮고 가려는 경향이 있다. 그러나 이러한 불법 행위를 계속 방치한다면 언젠가 큰 위기를 초래할 수도 있다는 견해가 꾸준히 제기되고 있다. 물론 중국 경제가 지금 당장 어떻게 되는 것은 아니지만, 외환보유고에 대한 의문 제기와 위안화 절상 압력이 점점 강해지면서 중국 경제도 일본처럼 거품이 꺼질 수 있다는 우려도 있다. 중국 진출을 염두에 두고 있는 사람이라면 평소 중국 관련 뉴스들을 관심 있게 지켜보면서 추이를 관망하길 바란다.

내가 중국에 대해서 우려하는 점은 경제적인 문제보다도 치안과 관련한 부분이다. 중국에서 사업을 하다 보면 협박을 당하거나 실제로 테러의 위협을 받는 경우가 종종 있다. 나도 그런 경험이 있다. 한번은 꽤 큰 금액의 목걸이 제작 오더를 한 중국 공장에 맡겼다. 그런데 납기일에 가져온 제품을 보니 부자재 두 개가 불량이었다. 우리 입장에서는 목걸이 하나에 들어가는 부자재 30개 중에서 한두 개만 불량이어도 그 목걸이 전체가 불량인 것이기 때문에 물건을 받을 수가 없었다. 당연히 대금도 지불할 수 없었다. 그런데 그들은 막무가 내로 불량이 난 두 개 값만 빼고 나머지 대금을 달라고 생떼를 썼다. 그러면서 대금을 주지 않으면 위해를 가하겠다는 협박도 서슴지 않았다. 말로만 그치는 것이 아니라 죽이겠다는 협박 편지가 오기도 하고, 경고의 표시로 차 유리창을 박살내기도 했다. 이런 위협에 익숙하지 않은 사람들에게는 고통스러운 일이다. 그런 것들을 다 이겨내야 그 바닥에서 살아남을 수가 있다.

가장 좋은 방법은 그런 업체들하고는 아예 처음부터 상대를 하지 않는 것이다. 처음에는 하청공장을 이리저리 고를 수 있는 처지도 아니어서 그런 것까지 미처 신경 쓰지 못했지만, 회사가 어느 정도 자리를 잡기 시작하면서부터는 문제가 있는 업체부터 정리했다. 그래서 나중에는 별 탈이 없었다. 그렇지만 새로 중국에서 사업을 시작하려는 사람들은 반드시 주의해야 할 부분이다.

중국 현지 공장들이 문제를 자주 일으키는 원인은 불안정한 공인(중국 노동자)들의 위상과 연관이 깊다. 최근에는 중국 정부에서도 적극적으로 농민공(도시로 진출한 농촌 출신 노동자)의 도시 거주 합법화를 추진하고 있지만, 그전까지만 해도 농민공의 거주 이전은 법적으로 제약을 받았다. 외지에서 대도시로 일을 하러 와서 아무리 오랫동안 살아도 도시 호구에 편입이 되지 않는 것이었다. 게다가 주기적으로 본적지에 가서 신고를 해야 하는 의무가 있었다. 행정적인 서류 하나

221

를 제출하려면 먼 고향까지 직접 다녀와야 하는 것이다. 그런데 중국이 워낙 땅덩어리가 넓으니 그렇게 고향에 한 번 다녀오려면 최소 3~4일이 걸리고 경비도 한 달 치 월급 가까이 들었다. 공인들 입장에서도 힘들고 고용주 입장에서도 손해가 많았다.

이러한 불합리한 제도에 대한 불만이 속출하자 중국 당국에서는 현지에 집을 사면 신고의무를 면제해주겠다는 대책을 마련했지만, 공인들 월급으로는 은행 대출을 받아도 도심에 있는 집값을 감당할 수가 없다. 할 수 없이 도시 외곽으로 나가 비교적 싼 미분양 아파트를 구입하는 경우가 많았다. 그런데 중국에서는 아파트가 완전 분양이 안 되고 일부만 입주를 하면 전기 공급을 하지 않는 경우도 있다. 전기를 넣어달라고 하면 나머지 빈 세대의 전기요금까지 내라고 하니 먼저 입주한 주민들은 어쩔 수 없이 어느 정도 입주 세대가 찰 때까지 불편함을 감수해야 했다. 있는 돈 다 끌어 모아 집을 사는 바람에 먼저 살던 집도 비우고 나온 경우가 대부분이어서 당장 살 곳이 없는 사람들은 울며 겨자 먹기로 전기도 들어오지 않는 아파트에 들어가 살았다.

이처럼 환경이 열악하다 보니 공인들은 한 공장에 오래 붙어있지 못했다. 월급을 올려준대도 싫다고 도망을 갔다. 당장 납기를 맞춰야 하는 일이 산더미인데, 고향에 갔던 공인들이 돌아오지 않아서 고용주들이 큰 곤욕을 치르는 경우가 많았다. 그런 현상은 특히 명절 때 더 두드러져서 고용주들에게 명절 공포증이 생길 정도였다. 잘 나가던 업체들이 일할 사람이 없어 발만 동동 구르다가 사업이고 뭐고 다 때려치우고 야반도주하듯이 철수하고 나오는 일도 심심치 않게 벌어졌다.

불만이 쌓인 공인들이 언제 어떻게 폭동을 일으킬지 모른다는 것도 큰 불안요소 중 하나다. 그들은 합법적인 형태의 파업을 모른다. 그냥 마음에 안 들면 한꺼번에 들고 일어나 다 때려 부수고, 심하면 인명살상이 일어나기도 한다. 뉴스나 신문에는 이런 내용이 잘 보도되지 않지만 옆에서 보고 있으면 진짜 심각하다. 만약 내가 운영하는 사업체에서 이런 일이 발생한다면 금전적 손해는 둘째치고, 일단 몸부터 안전하게 빠져나오는 것이 상책일 만큼 위험천만이다.

이런 여러 상황들 속에서 나 역시 스트레스가 쌓이다 보니 중국에서 한창 사업을 할 때는 욕을 입에 달고 살았다. 중국 직원들 상대하는 일이 너무 힘들어서 도저히 욕을 안 하고는 못 버티겠는 상황들이 많았다. 그런데 그렇게 한 2년 정도 욕을 하면서 사니까 인상이 점점 험악해졌다. 어느 날 무심코 거울에 비친 내 모습에 깜짝 놀랐다. 내 얼굴이 언제 이렇게 안 좋게 변했나 싶었다. 중국에서 사업을 하면서 한창 돈을 벌 때는 하루 일당으로 계산하면 시간당 수백만 원씩 벌던

몸값 비싼 시절도 있었다. 그러니 돈 버는 재미는 좋았다. 하지만 그만큼 악다구니를 쳐야 했다. 그러면서 인격이 바닥으로 추락하는 것을 경험했다. 돈과 인격을 맞바꾸고 있다는 생각도 들었다. 내가 중국 사업을 정리하고 들어온 가장 결정적인 이유이기도 하다. 돈보다도 이제 여유 있게 생활하면서 좋은 일도 하고, 하고 싶은 일도 하면서 인간답게 살고 싶다는 생각이 들었다.

그렇게 중국 사업보다 한국에서의 삶을 더 원해서 들어온 후 AMP 과정을 다니던 중, 한 번은 동기들과 식사를 하는 중간에 나도 모르게 혼잣말로 욕을 하고 말았다. 순간 분위기가 싸해지면서 다들 나만 쳐다봤다. 고상한 분들 앞에서 천박함을 드러낸 것 같아서 너무 창피했다. 정신이 번쩍 들었다. 내가 아직 중국에서 악다구니 칠 때의 버릇을 못 버렸구나 싶었다. 중국에서 많은 것을 배우고 많은 것을 얻어왔지만 그 사이 몸에 밴 나쁜 습관도 함께 가지고 온 것이다. 이래서는 안 되겠다는 생각에 그 뒤로 절대로 사람들 앞에서 욕을 하지 않으려고 애를 썼다. 사회생활의 기본인데 나도 모르게 기본을 잊고 있었던 것이다. 그 후로 1~2년쯤 지나서 거울을 보니 내 얼굴이 중국에 있을 때와는 많이 달라져 있었다. 사람들로부터도 예전보다 인상이 좋아졌다는 말도 많이 듣는다. 내가 보기에도 한결 편안하고 부드러워진 느낌이다.

아마도 내가 이렇게 얘기하면 그럼 도대체 중국에 가라는 얘기인지 말라는 얘기인지 헷갈린다고 하는 이들도 있을 것이다. 가지 말라는 얘기가 아니라, 제대로 알고 가라는 것이다. 중국이라는 나라는 만만한 상대가 아니다. 기회가 많은 만큼 함정도 많은 곳이다. 그러나 그 함정들만 잘 피하면 된다. 중국에서 사업을 하든지, 취업을 하든지 간에 분명 힘든 부분이 많다는 걸 누구보다 잘 알기 때문에 해줄 수 있는 말이기도 하다. 상식이 통하지 않고 엄청나게 불합리한 환경에 가서 무조건 이겨내라는 말이 쉽지, 결코 쉽지 않은 일이다. 그런데 잘 버티고 고비를 넘기면 기대 이상의 성과를 안겨주는 곳이 중국이라는 점은 사실이기도 하다.

어떤 나라든지 마찬가지겠지만, 특히 중국이라는 나라는 그들 특유의 문화와 환경 때문에 그것을 이해하지 못하면 적응하기 힘들다. 서양 사업가들이 중국 내에서 본격적인 사업을 시작하기 꺼려하는 이유도 그 때문이다. 세계적인 글로벌 기업들도 중국에 진출했다가 중국 당국의 자국 기업 보호 정책의 벽을 넘지 못하고 철수한 사례가 많다. 가능성만 보고 제대로 된 대책 없이 뛰어들었다가는 큰 코 다치는 곳이 중국이다.

그러다 보니 문화적인 면에서 같은 중국인으로 간주되는 대만과 홍콩 출신 기업을 제외하고 중국에서 중국인들을 상대로 악다구니를 치면서도 어떻게든 사업을 꾸려나가는 것은 대부분 한국 사람들이다. 패션 주얼리 업계에서도 서양 바이어들이 한국 업체가 중국 업체보다 5~10% 정도 더 가격이 비싸다는 것을 알면서도 한국 업체에 일을 맡긴다. 그게 중국 업체를 직접 상대하는 것보다 훨씬 수월하기 때문이다. 가격만 보고 중국 업체와 직접 거래를 하겠다고 뛰어들었다가 결국 납기일에 제대로 물건을 못 받거나, 제대로 받더라도 처음 계약한 금액보다 더 달라고 하는 경우를 수도 없이 겪다 보니 이제는 손을 떼고 속편하게 한국 업체와 거래를 하는 것이다. 그들도 우리한테 상관 안 할 테니 알아서 남기고 제품만 제 날짜에 하자 없이 납품하라고 한다. 그 덕분에 오히려 돈 벌기 좋은 상황이 된 것도 사실이다. 누구나 편하게 거래할 수 있는 상황이라면 우리에게도 경쟁력이 없었을 것이다.

**함정에 굴복하지 말고
기회를 잡아라**

누군가 내게 다시 10년 전으로 시간을 되돌린다면 그때도 똑같이 중국 진출이라는 선택을 하겠냐고 물었다. 나는 당연히 '그렇다'라고 대답했다. 솔직히 중국에 가지 않고 그 시간에 한국에 있었다고 하더라도 나는 뭔가를 이루긴 했을 거라고 생각한다. 도전을 두려워하지 않는다면 한국이든 중국이든 상관없다. 내용은 다를지 몰라도 본질은 달라지지 않는다. 분명한 건 결코 쉬운 길로만 가지는 않았을 것이라는 점이다.

만약 10년 전 내가 중국에 가서 사업을 시작할 때 누군가 지금의 나처럼 중국 사업의 좋은 점과 힘든 점 등에 대해서 이야기해주었다면 좀 더 쉬웠을까? 전혀 모르고 가는 것보다는 나았을 것이다. 알고 가는 것과 모르고 가는 것은 확실히 다르다. 하지만 알고 간다고 해서 수월할 거라고 생각해서는 안 된다. 그래도 도전하겠는가? 그렇다면 당신을 응원하겠다. 필요하다면 내게 직접 찾아와 조언을 구해도 좋다. 기꺼이 내가 알고 있는 정보와 경험을 공유할 것이다.

청춘, 고민은 뜨겁게 도전은 냉정하게

"언젠가 가겠지 푸르른 내 청춘 지고 또 피는 꽃잎처럼"

드라마 〈응답하라 1988〉에 나오는 내가 좋아하는 노래다. 가사처럼 푸른 청춘은 한 순간에 지나간다. 지나고 나면 별거 아닌 것 같아도, 그 시절을 통과하고 있는 청춘에게는 크고 무겁고 고통스러운 고민들. 여러 가지가 있겠지만 그래도 가장 큰 고민은 당장 눈앞에 닥친 취업 문제일 것이다.

최근 서울시에서 정기소득이 없는 저소득층 취업 준비생들에게 보조금을 지급한다는 뉴스를 보았다. 또한 공공부문 현장에 청년 일자리를 만든다는 소식도 접했다. 현재 이러한 청년 실업 대책 사업들이 어떠한 실효를 거두고 있는지 아직 구체적인 자료를 접하지는 못했지만, 단순히 보조금을 지급하고 임시 일자리를 억지로 만든다고 해서 과연 청년 실업 문제를 근본부터 해결할 수 있을지에 대해서는 개인적으로 의문을 갖고 있다.

액수가 크고 작음을 떠나서 청년들이 스스로 의사 결정을 내리고 자신의 미래를 위해 올바른 계획을 세울 수 있도록 여건과 분위기를 만드는 것이 우선이지, '눈 가리고 아웅' 하는 식의 포퓰리즘은 지양해야 하지 않을까? 누구는 주고 누구는 주지 않느냐의 문제가 생길 수도 있고, 한정된 재원으로 한쪽에 많은 지원이 가게 되면 정말 힘들고 어려운 사람 중에 혜택을 받지 못하는 사람도 생기게 된다. 지원을 받은 사람들이 자신이 받은 혜택을 발판으로 자립하고 성공해서 다른 사람을 위해 양보하고 봉사하는 미덕을 가져주면 좋은데, 그렇지도 않다. 돌아가는 상황을 보면 선택받고 혜택받는 사람들은 계속 그걸 누리려고만 하고, 선택받지 못하는 사람들은 계속해서 혜택을 받지 못하고 어려운 생활을 이어가고 있다. 그들이 갖게 될 상대적 박탈감은 누가 책임져줄 것인가 의문이다.

나는 최근에 보육원 출신 아이들이 사회에 나오면서 겪는 어려움에 대한 이야기를 듣고 정말 문제점이 많다는 생각을 했다. 부모 없는 아이들을 시설에서 19세까지는 공짜로 키운다. 그리고는 성인이 되면 세상으로 내보내는데, 그때 주는 자립금이 300만 원 정도 된다고 한다. 그걸 가지고 두세 명이 모여서 작은 방 한 칸을 얻어서 생활하는데, 문제는 이 아이들이 그런 상황 속에서 열심히 일하면서 미래의 계획을 세워나가는 것이 아니라, 그냥 자포자기한 상태로 일도 열심히 안 하고 피씨방에서 게임이나 하면서 헛되이 세월을 보낸다. 그러다가 반사회적인 행동을 하는 경우도 종종 발생한다. 보육원 출신에 대한 편견을 갖자는 것이 아니라 실제로 그런 일이 벌어지고 있음을 지적하는 것이다.

그렇다면 이 아이들을 사회에 적응시키고 열심히 일하면서 나름 보람을 느끼며 살게 하려면 어떻게 해야 할까? 자립지원금을 대폭 늘려주면 해결이 될까? 천만에 말씀이다. 자립금이 얼마가 됐든지 간에 기본적인 마인드 교육이 되지 않으면 아무 소용이 없다. 그런데 미처 여기까지 신경 쓰는 사람이 없다. 고등학교를 갓 졸업한 아이들을 자립시킨다면서 한다는 일이 세 시간짜리 생활교육이 전부다. 국가 예산은 예산대로 들어가고 정작 실효성은 없는 것이다.

그들에게도 공평한 기회를 주어야 한다. 자신의 인생에 대해서 좀 더 치열하게 고민하고 꿈을 향해 도전할 수 있는 기회 말이다. 그런 기회는 우리 모두가 나서서 만들어야 한다. 허황된 꿈이 아니라 자기 현실에 맞게 낮은 곳에서부터 차근차근 밟아 올라가면 더 많은 것을 얻을 수 있는 탄탄한 토대를 마련해야 한다. 다른 것이 아니라 그런 것이 진짜 사회안전망이 아닌가?

이런 이야기를 들은 적이 있다. 어떤 사과 농장 주인이 두 명의 청년에게 농장 전체를 돌면서 가장 맛있는 사과를 따오라고 했다. 그리고 더 맛있는 사과를 따오는 사람에게 농장을 물려주겠다고 했다. 사과를 딸 수 있는 기회는 딱 한 번. 두 청년이 동시에 출발했다. 그리고 한 청년은 출발한 지 얼마 지나지 않아서 사과를 땄다. 나머지 청년은 농장을 거의 한 바퀴 다 돌고 나서 사과 한 개를 땄다.

이 이야기의 결말은 잘 기억이 나지 않는다. 그래도 이것 하나는 기억난다. 청년이 딴 사과가 바로 인생의 성공을 의미한다는 것이다. 사과를 먼저 딴 사람은 남들보다 일찍 성공의 맛을 본 사람이다. 사람들은 일찍 성공한 사람을 부러워한다. 그러나 과연 그렇기만 할까? 어쩌면 자신이 일찍 딴 사과를 보면서 '이 사과보다 더 맛있는 사과가 저 뒤에 있는 것은 아닐까? 내가 너무 빨리 사과를 딴 건 아닐까?' 하면서 내내 걱정하고 초조해했을지 모른다. 반면 늦게 사과를 딴 사람은 자기도 어서 좋은 사과를 따야 할 텐데 하는 마음에 조바심이 났을 것이다. 그래도 한편으로는 '조금만 더 가면 좋은 사과가 있겠지, 힘들어도 조금만 더 가보자.' 하면서 희망에 부풀지 않았을까? 그러다 결국은 끝에 가서 급히 사과 하나를 따겠지만, 그것보다 훨씬 좋은 사과들이 이미 지나 온 길에 많이 있었을지 모를 일이다.

일찍 성공한 사람은 젊은 시절에 열심히 공부하고 노력하느라 그 시절 남들이 누리는 즐거움, 예를 들어 연애라든지, 여행이라든지 그 밖에 여러 취미활동 같은 것들을 놓쳤을 수도 있다. 대신 나이가 들어서는 젊은 시절의 성공을 바탕으로 좀 더 여유 있게 즐기면서 살 수 있을 것이다.

성공이 늦은 사람은 그 반대일 것이다. 성공의 시기가 빠르냐 느리냐가 인생을 잘 살았느냐 못 살았느냐를 결정하는 것이 아니라, 얼마만큼 자신이 그 과정을 즐기느냐가 더 중요한 것이다. 즉 가장 맛있는 사과는 그 넓은 과수원 어딘가에 딱 하나만 있는 것이 아니라 사람에 따라, 생각하기에 따라 여기에도 저기에도 있을 수 있고, 이것도 저것도 될 수 있다는 것이다. 너무 원론적이고 교과서적인 이야기처럼 들릴지 모르겠지만 그게 사실이다.

우리 사회는 여전히 다양성을 인정하지 못한다. 공부만 잘하면 제일로 쳐주고 그밖에 다른 것을 잘하면 오히려 그룹에서 배척하려는 경향마저 보인다. 입시 공부가 한창인 교실에서 한 학생이 공부는 안 하고 매일 춤만 추려고 한다면 그 아이는 금방 면학 분위기를 망치는 문제아로 찍혀버린다. 그게 그 아이의 특기이고 공부보다는 그쪽으로 재능을 개발하는 것이 아이의 행복과 미래의 성공을 위한 길이라면 그것대로 응원해줘야 한다. 그런데 우리는 그러지 못하고 아예 공부를 방해하지 못하도록 소외시켜버리곤 한다. 각자 개성과 처지에 따라 얼마나 다양한 고민들이 있겠는가. 그런데 우리 사회는 그런 다양한 고민을 들어줄 아량과 배려가 없다. 그렇게 청년들의 고민은 '취업문제'라는 한 가지 단어로 일원화된다. 개인의 문제가 다수의 절대적 프레임에 갇혀 버리는 것이다.

그렇다고 내 고민에 왜 응답해주지 않으냐고 투정만 부리고 있을 때도 아니다. 남이 나서서 해결해주길 기다리지 말고, 스스로 해결할 수 있는 방법들을 모색해야 한다. 누군가는 현재 우리 사회의 청년문제는 개인의 문제만으로는 볼 수 없다고 말한다. 그러면서 정재계가 나서서 뭔가를 해야 한다고 주장한다. 그렇게 생각한다면 하다못해 투표라도 열심히 해야 한다. 총선이고 대선이고 후보가 나오면 비리나 범죄 사실이 없는지 꼼꼼하게 이력도 살펴보고, 당선 후에는 정말 공약대로 청년들을 위한 정책을 펼칠 사람인지 따져보고 한 표를 행사해야 한다. 그런데 공부 때문에 바쁘다는 핑계로 또는 정치에 관심 없다는 이유로 권리이자 의무인 투표권 행사를 포기한다면 정부의 청년 정책이나 재계의 구조적 문제 등에 대해서 이러쿵 저러쿵 말할 자격도 없는 것이다.

언젠가는 웃을 날이
반드시 온다

그래도 조금 위로가 되는 것은 지금 하고 있는 고민들이 언젠가는 별것 아닌 일처럼 느껴질 때가 반드시 올 거라는 사실이다. 어릴 적에 뛰어놀던 넓은 초등학교 운동장이, 교실의 책걸상이, 지금 보면 이렇게 작았나 싶은 것과 마찬가지다. 인생을 길게 내다보면 지금 당장의 고민에 너무 힘들어할 필요가 없다는 얘기다. 물론 한창 그 고민에 빠져있을 때 이런 말이 귀에 들어 올리는 없겠지만.

어찌되었든 간에 지금 이 순간만큼은 뜨겁고 치열하게 고민하길 바란다. 그 고민의 결과가 자신의 인생을 좀 더 나은 방향으로 이끌어줄 것이다. 그리고 방향이 정해졌다면 냉철한 태도로 도전하길 바란다.

무한한 가능성이 밑천, 청년 창업 이야기

　창업은 취업을 하지 못한 사람들의 도피처가 아니다. 그러나 하나의 대안은 될 수 있다. 우리나라와 같은 환경에서 청년들을 창업 시장으로 내모는 것은 그들을 사지로 내모는 것이나 다름없다고 말하는 사람들도 있다. 그것은 창업 후 실패할 가능성에 더 무게를 둔 말이다. 물론, 실패할 수도 있다. 그렇다고 창업을 하지 말라고 하는 것은 더 나쁜 선택이다. 아이를 위험하다며 물가에 아예 데려가지 않는 것보다는 수영 방법을 가르쳐야 하는 것과 같은 이치다.

그렇다면 청년 창업이 성공하기 위해서는 어떻게 해야 할까? 정해진 답은 없다. 그래도 나름의 방식으로 열심히 잘 해내가고 있는 청년 사업가들을 보면 어느 정도 힌트를 얻을 수 있지 않을까 생각한다. 내가 만나본 청년 사업가들, 그들의 도전과 열정의 코드를 살펴본다.

하고 싶은 일을
찾아라!

앞에서도 이야기했던, 중국에서 사업 파트너로 일했던 박희진 사장. 처음 중국에서 일을 시작할 때만 해도 자기가 디자인하고 제작한 주얼리 샘플로 오더 하나만 받고 다시 한국으로 들어가야지 하는 마음이었다. 그러나 그조차 쉽지 않았다. 며칠 밤을 새워 정성껏 준비한 샘플을 바이어들이 거들떠보지도 않고 무시하니까 자존심도 상하고 오기도 생겼다. 그럴 때마다 '이거 하나만 더 해보자' 하는 심정으로 버틴 것이 1년이 되고, 5년이 되고, 10년이 되었다.

최근에는 내가 나올 때 같이 중국쪽 사업을 정리하고 한국으로 다시 들어와 친구와 함께 의류매장을 시작했다. 워낙 경험이 많아서 잘

해내고 있다. 무엇보다 일을 즐기면서 하는 모습이 보기 좋다. 사업 파트너인 친구와도 서로의 호칭을 반장, 부반장이라고 부르며 가족적인 분위기를 연출하고 있다. 조금 힘든 일이 있어도 중국에서 힘들었던 생각을 하면 뭐든 다 이겨낼 수 있을 것 같다고 말한다. 사실 젊은 나이에 중국에서 벌 만큼 벌어봤으니, 이제는 돈 욕심보다는 정말 하고 싶은 일에 시간과 열정을 투자하고 싶은 것이다.

그런데 사람이 자신이 좋아하는 일을 하면서 기쁨을 찾으면 좋지만, 일과 환경에 익숙해지고 나면 그만큼 나태해지고 게을러지기 쉽다. 별것 아닌 일에 불만이 쌓이기도 한다. 박희진 사장은 그럴 때마다 남대문이나 동대문 시장에 간다. 그곳에서 열심히 사는 사람들의 모습을 보고 오면 뭔가 새롭게 재정비가 되는 기분이다. '저 사람들과 비교하면 나는 정말 쉽고 편하게 돈을 벌고 있구나. 나도 저 사람들처럼 땀 흘리며 열심히 살아야지.' 하는 생각을 하게 된다고 한다. 무슨 일이든 초심을 잃지 않기 위한 자극이 필요한 법이다.

삼겹살 전문 식당을 운영하고 있는 ○○○ 사장. 그는 젊은 청년들에게 이런 질문을 던진다. 취업이든 창업이든 당신이 그것을 하려는 이유가 무엇이냐고. 단순히 돈을 벌겠다는 생각이 아니라, 무엇을 해서 돈을 벌 것이냐를 먼저 생각하라는 것이다. 많은 예비 창업가들이 유행을 쫓는 경향이 있는데 트렌드를 이해하고 그쪽으로 움직이는 것

237

은 꼭 필요한 일이지만, 주관 없이 끌려가는 것은 문제다. 20대 초반의 젊은 친구들 중에서 창업을 하고 원하는 사람들 중 상당수는 카페를 하고 싶어 한다. 그런데 겉으로 보기엔 폼 나고 멋있어 보일지 모르지만, 커피에 대한 열정과 손님들을 상대하는 서비스 마인드가 없으면 성공하기 힘든 것이 카페다. 요즘엔 워낙 많이 생겨서 특별한 무엇이 없으면 1년도 버티기 힘들다.

○○○ 사장도 처음 장사를 시작할 때는 소자본이었다. 용산구 문배동. 지금은 '열정도'로 불리는 골목에서 청년장사꾼들이 들어와 터를 잡기 전부터 가게를 열었다. 주류 상권도 아닌 곳에 가게를 얻어 차근차근 벌어서 채워나가는 방식으로 조금씩 자리를 잡았다. 그는 어떤 장사라도 자신만의 확실한 사업 콘셉트와 신념을 가지고 흔들리지 않는다면, 나머지 부수적인 것은 힘들어도 견딜 수 있다고 말한다. 그의 사업 목표는 사람들이 부담 없이 와서 맛있게 먹을 수 있는 음식과 서비스를 제공하자는 데 있다. 만약 내가 투자한 비용이 얼마니까 한 달에 적어도 이 정도는 벌어야겠다는 식으로, 다시 말해 버는 돈의 액수에 목표를 맞춰버리면 어떻게든 이익을 남기려고 재료를 덜 좋은 것을 쓴다든지 서비스를 줄인다든지 하게 된다. 그런 식으로 장사를 하면 오래 못 간다. 그리고 정한 목표 액수에 도달하지 못하면 마음만 괴로워진다. 반면에 ○○○ 사장처럼 목표로 정하면 다르

다. 손님들이 와서 맛있게 먹고 "저렴한 가격에 잘 먹고 간다"고 기분 좋게 인사하고 가면 장사하는 사람 마음도, 기분도 좋아진다. 그러면 다른 손님들에게도 더 잘하게 된다. 그런 집은 장사가 잘 될 수밖에 없다.

창업 성공 비결의 기본은 마음가짐이다. 스스로 그 분야를 즐기고 좋아하지 않으면 안 된다. 따라서 자신이 좋아하는 것이 무엇인지, 자기가 그리는 행복은 어떤 그림인지 먼저 생각해야 한다.

새로운 경험을 팔아라!

최근 '열정도' 거리로 입소문이 나기 시작한 용산구 문배동은 원래 공장과 창고가 많던 동네였다. 그런데 이곳에 '청년장사꾼'이 들어오면서 동네 분위기가 확 바뀌었다. 청년장사꾼은 상권이 좋지 않은 지역에 들어가 그 지역을 문화적으로 가공해서 이슈를 만드는 전략으로 성공했다. 상권이 좋지 않은 곳은 임대료가 싸다. 우선 그런 곳에 들어와 식당을 열어 자리를 잡은 후 젊은 손님들을 불러 모았다. 그들이 블로그나 페이스북 같은 SNS에 글을 올려 그것을 통해 입소문을 내게 하기 위해서다. 그러려면 일단 그림이 좋아야 한다. 그래서 제일 먼저 가게 앞 골목을 하나의 놀이 공간처럼 꾸몄다. 또한 야시장 같은 이벤트를 마련해 골목 자체가 활기를 띠도록 만들었다. '열정도'라는 가게 이름도 도심에 섬처럼 버려진 골목을 열정으로 채운다는 의미라고 한다. 이제 열정도가 들어선 문배동에는 다양한 음식점과 옷가게 등이 오픈하면서 새로운 상권을 형성하게 되었다. 이런 식으로 청년장사꾼이 상권을 개발한 곳으로는 열정도 외에도 이태원 우사단길, 경복궁 옆 서촌 등이 있다.

새로운 상권을 개발한다는 것은 쉬운 일이 아니다. 그러나 도전해볼 만하다. 우선 임대료 등 자본이 많이 들지 않는다는 장점이 있다. 그런데 문배동도 이제는 새로 가게가 들어서기 힘든 환경이 되었다. 잘 모르는 사람들은 돈만 들고 들어오면 당장 건물을 임대해서 가게를 오픈할 수 있을 거라고 생각하지만, 돈만 있다고 해서 다 되는 것이 아니다. 특히 제조업으로 허가된 건물이 아직도 많아서 용도 변경 없이 무작정 들어와 가게 인테리어부터 시작했다가 중단된 곳도 있다. 새로운 상권을 뚫을 때는 행정적인 문제도 잘 파악해야 실수를 줄일 수 있다.

'남들이 하니까 나도 해볼까' 하는 식으로 쉽게 접근했다가 낭패를 보는 경우도 많다. 창업할 장소를 정할 때는 목만 보고 갈 것이 아니라, 자신이 잘 아는 동네를 공략하는 것이 오히려 더 유리할 수도 있다. 동네마다 트렌드의 흐름과 주요 고객층의 성향이 조금씩 다르다. 그 동네에 몇 년 동안 살면서 그런 것들을 파악한 사람과 소문만 듣고 와서 덤비는 사람과의 승부는 불 보듯 뻔하다. 사업을 하는 데 있어서 경험과 정보는 그래서 중요하다.

청년장사꾼은 기존 프랜차이즈와는 운영 형태가 다른 장사꾼 연합체다. 청년들 중에서 장사에 뜻이 있는 사람들을 모집한 후 숙식을 제공하면서 함께 일하고 교육시킨다. 청년장사꾼의 모토에 맞게 열정적으로 일한 사람들 중 능력이 뛰어난 사람에게는 새로 가게를 내주고 그 수익을 나눠 갖는 방식이다. 가게 메뉴도 천편일률적으로 적용하는 것이 아니라, 가게를 운영하는 주체들의 개성과 가게가 들어서는 상권의 특성을 고려해 감자튀김 호프, 삼겹살, 주꾸미 등 다양한 메뉴를 개발했다. 독특한 간판과 인테리어만큼이나 톡톡 튀는 메뉴와 분위기로 소비자들을 공략하고 있는 것이다. 그런 점들이 하루가 멀다 하고 생겼다가 사라지는 프랜차이즈 음식점들과는 확실히 구분된다.

최근에는 많은 청년 창업가들이 청년장사꾼의 사례를 벤치마킹하고 있다. 그러나 벤치마킹은 어디까지나 참고 사항이지 모방만 해서는 안 된다. 새로운 경험을 추구하는 소비자의 트렌드에 맞게 자기만의 독특한 개성을 살린 멋진 아이템을 발굴하길 바란다.

생각을 바로
실행하라!

　문배동에서 카페를 운영하고 있는 ○ 사장. 20대 초반부터 아르바이트를 하면서 커피를 처음 접하고 관심을 갖게 되었다. 본격적으로 커피 관련 사업에 대한 생각을 하기 시작한 것은 30대 중반부터. 그때만 해도 카페는 나이가 더 지긋해지면 여유롭게 시작할 생각이었다. 그러다 우연한 기회에 창업을 하게 되었다. 그 전에는 경호·행사 대행업체를 운영하고 있었는데, 2014년에 세월호 사건이 터지면서 이벤트 관련 업종 경기가 너무 안 좋아졌다. 그래서 차라리 이렇게 힘들 때 새로운 기회를 만들자는 생각에 계획보다 조금 이르게 카페 창업을 밀어붙였다.

　카페 창업은 말 그대로 거의 빈손으로 시작한 것이나 다름없었다. ○ 사장은 문배동에서 몇 년 전부터 커피 공방을 하고 있었는데, 좋은 자리가 나면 카페를 열어야겠다고 생각하고 있었다. 그런데 갑자기 좋은 기회가 생겼다. 지금 카페 건물의 주인은 원래는 그 자리를 공장이나 창고로 임대할 생각이었지 카페를 열게 할 생각은 없었다고 한다. 그래서 청년장사꾼 같은 사업자들이 계약금을 들고 와도 내주지 않았다. 그런데 아는 분 소개로 운 좋게 그 자리에 들어갈 수 있게 되었다. 수중에 계약금으로 낼 돈도 없을 정도로 갑작스럽게 진행이 되었는데, 급하게 지인의 도움으로 겨우 계약금을 마련해서 장사를 시작하게 되었다. 보통 그런 상황이면 아직 때가 아닌가 보다 하고 다음으로 기회를 미룰 수도 있는 일인데 ○ 사장은 추진력을 발휘했다. 바텐더도 해보고 펍 매니저도 하면서 경험을 쌓았던 것이 자신감의 바탕이 되었다. 자신이 좋아하는 분야에 대해서 시간을 갖고 연구하고 경험해온 이력이 창업의 밑바탕이 되었다는 것도 배울 점이다.

○ 사장의 경우는 소자본 청년 창업의 매우 좋은 예다. 일단 당장 가진 돈 없이 장사를 시작해서 하나 하나 만들어가는 과정이 인상 깊다. 처음부터 혼자서 사업자금을 다 가지고 시작하는 것이 아니라, 지인의 투자를 받아 일단 시작하고 열심히 일하면서 갚아 나가는 것이다. 2~3명 정도가 지분을 나눠 갖지만 점차 자신의 지분을 늘려 나중에는 완전히 자기 것으로 만들 수 있다.

창업한 지 2년차에 접어들고 있는데 꾸준히 단골이 늘면서 매출도 안정적으로 증가하고 있다. 앞으로 지금 브랜드를 좀 더 세분화해서 같은 이름의 펍이나 스몰 커피숍, 스페셜 티 숍, 캐이터링 등으로 조금씩 영역을 확장해나갈 계획이라고 한다.

자기 사업을 하고 싶다는 생각은 누구나 할 수 있다. 그러나 실천에 옮기는 일은 또 다른 문제다. 신중한 것과 실천력이 없는 것 역시 다르다. 때를 기다리되, 기회가 왔을 때는 일단 움직여야 한다. 가만히 있을 때는 몰랐던 것들이 움직이면 보일 것이다.

돈 없어도
사업할 수 있다!

돈 없이 사업할 수 있다니까 눈이 번쩍 떠지는가? 사실 아이템만 좋으면 큰 돈 들이지 않고 할 수 있는 사업이 우리 주변에 많다.

전 세계 숙박 업계에 파란을 일으킨 아이템이 있다. 바로 '에어비앤비'라는 숙박 공유 서비스다. 해외여행 좀 다니는 사람이라면 한 번쯤 이용해봤을 것이다. 기존 숙박 시설이 아닌 개인 소유의 빌라나 방 한 칸을 에어비앤비 사이트에 호스팅 하면 여행자들이 검색을 통해 자신에게 맞는 집이나 방을 찾아서 이용할 수 있도록 연결해주는 서비스다. 이런 서비스를 통하면 누구나 숙박업자가 될 수 있다.

제주도만 가 봐도 펜션이나 게스트하우스들이 많은데, 성수기에만 잠시 반짝하고 대부분은 텅텅 비어있는 곳이 많다. 적극적인 홍보나 유치 활동 없이 그냥 지어만 놓으면 저절로 손님들이 몰려오는 줄 아는 사람들이 많다. 이런 곳들과 외국 관광객을 연결해주는 사업을 얼마든지 할 수 있다. 그러면 그게 숙박 에이전트 사업이 되는 것이다. 사무실도 필요 없고 자본도 필요 없이 기존에 있는 숙박시설 안내 사이트에 홍보만 하면 된다. 그렇게 게스트하우스 다섯 군데와 계약을 하면 나는 5개의 게스트하우스를 가진 사장처럼 움직일 수 있다. 게스트하우스의 주인은 내가 보내주는 대로 손님을 받으니 내가 고용한 직원이나 다름없다. 손 안대고 코푼다고 욕할 필요 없다. 오히려 외국 관광객 유치로 국가 경제 발전에도 기여하는 것이니 칭찬해줄 일이다. 기껏 돈 들여 지어놓은 숙박 시설을 놀리는 것보다야 훨씬 낫지 않은가?

나는 지금이라도 당장 맘만 먹으면 중국에 있는 호텔의 대표도 될수 있다. 돈이 얼마나 있으면 호텔을 사냐고? 아니, 내 돈 한 푼 들이지 않고 호텔 대표가 되는 방법이다. 일단 중국에 있는 호텔 중에서 시설은 괜찮은데 홍보가 덜 되어서 투숙객이 적은 곳을 찾아간다. 그리고 담당자에게 '내가 한국 관광객들을 이리로 보내주겠다. 대신 영업을 할 수 있게 대표 명함 하나 파줘라' 이렇게 말하는 것이다. 무슨 사기꾼 같은 소리냐고? 그런데 이것이 실제로 가능하다. 호텔 입장에서도 투숙객을 안정적으로 확보할 수만 있다면, 명함 하나 파주는 것은 일도 아니다. 나는 소개 수수료만 챙기면 된다.

사업이라는 것이 다 생각하기 나름이다. 요즘 유행하는 '배달통' 같은 음식배달앱이나 '야놀자' 같은 숙박앱도 다 이런 맥락이다. 젊은 사람들이 큰 자본 들이지 않고 아이디어와 기동성만 가지고 리스크 없이 사업을 시작할 수 있는 아이템은 얼마든지 많다. 누가 선점하느냐의 문제이고, 누가 제대로 판을 키우느냐의 문제이다.

좋은 아이디어는 있는데 앱 개발하고 사이트 구축할 돈이 없다고? 그렇다면 사업기획안을 만들어서 나 같은 개인투자자를 찾아라. 기획안만 좋다면 흔쾌히 투자할 용의가 있다. 여러분이 잘 몰라서 그렇지, 찾아보면 개인투자자들이 많다. 내가 아는 형님 중에도 자기 사업을 하면서 개인 여유 자금으로 창업투자를 하고 계신 분이 있다. 이 분의 투자 원칙은 처음에는 무조건 8대 2의 지분으로 시작한다는 것이다. 그리고 시간이 지나 사업의 성과가 나타나면 점점 투자 받은 사람의 지분을 늘려주다가 혼자서도 회사를 잘 이끌어갈 것이라는 확신이 생기면 그때는 완전히 그 사람의 회사를 만들어준다. 이때 요구되는 항목은 사업기획력을 바탕으로 한 성실성과 추진력, 그리고 도덕성 등이다.

또 요즘에는 국가가 개인을 대상으로 하는 앱 개발 사업 공모나 여러 가지 창업 지원 프로그램들이 많다. 그런 것을 적극적으로 활용하면 도움이 될 것이다. 국가 예산에 이미 청년 창업 항목으로 지원금이 책정되어 있기 때문에 공무원 입장에서는 어떻게든 사업비를 집행해야 한다. 잘 알아보고 준비를 하면 얼마든지 창업 자금을 지원받을 수 있다. 그런데 이걸 안 하고 취업만 하겠다고 난리다. 뭔가 진취적으로 스스로의 힘으로 고난을 헤쳐나갈 도전 의식이 부족한 탓이다. 그러다 보니 지원금을 노리고 전문적으로 사업에 응모는 일명 '사냥꾼'들도 생겨났다. 눈 먼 돈을 주워 먹는 사람들이다. 정말 열심히 사업을 할 청년들에게 가야 할 아까운 예산이 그런 사냥꾼들에게 낭비되고 있는 현실이 안타까울 따름이다.

레드오션에서
기회를 만들어라!

앞서 배달앱과 숙박앱 이야기를 했는데, 요즘에는 '직방' 같은 부동산앱이 뜨고 있다. 숙박업계도 마찬가지만 부동산중개 시장도 이미 포화된 레드오션으로 인식되던 분야다. 그러나 기존 서비스 분야에 젊은 감각을 더한 사업 아이템이 새롭게 부상하고 있는 것이다. 가사

도우미 인력 시장이나 콜택시를 대신한 '대리주부' '카카오택시' 등의 서비스가 젊은 층을 중심으로 인기를 끌고 있는 것도 무시하지 못할 현상이다.

한편에서는 이러한 서비스를 두고 남이 잘 차려놓은 밥그릇을 빼앗는 파렴치한 행동이라고 비난하기도 하지만, 어떤 측면에서는 자업자득이다. 그동안 기존 부동산 업자들이 소비자들을 상대로 얼마나 장난을 많이 쳤는지 알 만한 사람들은 다 안다. 수수료 폭리는 물론이고 부동산 가격 자체를 부풀리는 경우도 많다. 모든 부동산 업자가 그런 것은 아니지만, 일부 그런 사람들이 분위기를 주도한 것은 사실이다. 이런 상황 속에서 양심거래를 하겠다는 것이 잘못인가?

서비스 업종의 레드오션뿐만 아니라 우리가 사양 산업으로 생각했던 1차 산업군에서도 새로운 사업 개발가능성이 많다. 앞서 귀농·귀촌의 가능성에 대한 이야기를 했는데, 실제로 내 주변에서 농촌에서 농업 관련 사업을 하는 분이 있어 소개하도록 하겠다. 수요포럼에서 만난 유병택 대표다. 그는 금산에서 사업을 하고 있는데, 아버지로부터 물려 받은 사업체도 있지만, 자기만의 사업을 하고 싶었다. 그런 그가 시작한 사업이 농산물 가공업이다. 금산이 인삼으로 유명한 지역이다 보니 우선 인삼 가공업부터 시작했다. 그리고 최근에는 땅을 빌려서 호두나무를 심었다. 호두나무는 한 번 심어놓으면 120년 간

열매가 열리는데, 호두로 유명한 천안 지역에는 400년이 된 호두나무도 있다고 한다. 이 친구는 호두 농사로 앞으로 50년만 먹고 살겠다고 말한다. 그리고 이후에는 후손들이 이어서 먹고 살 것이라며 흐뭇해하고 있다. 식품 사업은 무엇보다 선한 의지가 필요하다고 본다. 먹는 것 가지고 장난치면서 돈을 벌겠다는 생각은 위험하고, 또 해서도 안 되는 일이다. 당장의 이익보다는 먼 미래를 내다보고 장기적으로 선한 의지를 갖고 할 수 있는 사업이다. 이런 사업이라면 스스로도 뿌듯하고 여러 사람에게도 좋은 영향을 줄 수 있다.

여러분도 자신의 꿈과 비전에 맞는 사업 아이템을 찾길 바란다.

새로 뜨는 유망 직종 & 창업 아이템

하나의 새로운 직업을 만드는 것, 즉 '창직'이 18,000개의 신규 일자리를 만들어낸다는 연구 결과가 있다고 한다. 그런데 우리는 청년 실업 문제, 취업난을 이야기하면서 새로운 일자리를 만들어내는 데에는 지나치게 소극적이라는 생각이 든다. 그런 의미에서 여러분과 도움이 될 만한 정보를 공유할까 한다. 바로 새로 뜨는 유망 직종과 창업 아이템이다.

기존에 잘 나가던 직종 중에는 머지않은 미래에 사라지거나, 쇠퇴

할 가능성이 있는 직종이 많다. 우리가 좀 더 미래를 내다보고 취업을 준비한다면 앞으로 뜰 직종을 선택하는 것이 현명할 것이다. 창업도 마찬가지다. 너도 나도 다 하려고 하는, 소위 말하는 핫한 아이템보다는 앞으로 수요가 늘만한 사업 아이템을 찾아야 한다. 그리고 그것은 '내가 필요하면 남도 필요하다'는 생각에서 출발해야 한다.

지금부터 소개할 아이템들은 당장 써먹을 수 있는 것도 있고 좀 더 아이디어를 발전시켜 보다 구체화시켜야 할 것들도 있다. 나 또한 이 부분에 대해서 젊은 친구들과 많은 이야기를 나누고 싶다.

실버 사업

우리나라는 이제 고령화 사회를 넘어 초고령화 사회로 넘어가는 단계에 접어들고 있다. 노인 인구의 증가는 각종 사회 문제를 야기하는데, 복지 사각지대에 놓인 노인층을 위한 사업은 정부나 공공기관에서 먼저 나서야 할 일지만 민간에서 해야 할 일도 많다. 특히 노인의 삶의 질과 관련한 각종 서비스 사업이 각광받을 것으로 예상된다. 이러한 사업들은 공익적인 성격이 강하기 때문에 정부 관련 사업과 연계하면 사업보조금을 받으면서 운영할 수도 있다.

• 노인들을 위한 오락시설(문화센터, 노래방, 작은 영화관 등)

- 노인들을 위한 동네 사랑방(사설 경로당)
- 노인들을 위한 제품 설명서 제작
- 노인들을 위한 쉬운 행정절차 안내 서비스
- 노인들을 위한 자산 신탁업

싱글족을 위한 사업

1인 가구가 폭발적으로 증가하고 있다. 어쩔 수 없이 독신으로 사는 사람도 있지만, 최근에는 자발적으로 독신을 선택하고 싱글라이프를 멋지게 즐기려는 사람들이 많아졌다. 그들을 위한 싱글족 맞춤 서비스가 유망 분야라는 것은 자명하다.

- 싱글전용 여행 상품
- 여성 배달원으로 구성된 안심 배달 서비스
- 혼자 밥 먹는 사람을 위한 함께 식사하는 영상(혹은 애플리케이션) 서비스
- 솔로 웨딩 화보 촬영

실속파 커플을 위한 사업

경기 침체의 영향으로 소비가 급속히 줄어들고 있는 요즘, 돈이 없

어 연애도 못하고 결혼도 못한다는 젊은이들을 위한 저렴하고 실속 있는 데이트 상품, 결혼 상품이 각광받을 전망이다. 특히 호화 결혼식의 상징으로 여겨지던 톱스타들이 지방이나 교외에서 작고 소박한 결혼식을 올리는 사례가 늘어나면서, 스몰 웨딩이 하나의 트렌드로 자리 잡을 것으로 보인다.

- 도심 빌딩 번지 점프
- 개인용 천체망원경을 이용한 옥상 천문대
- 초미니 웨딩 사업
- 셀프 웨딩 장비 및 소품 대여 사업
- 특색 있는 신혼여행지에서 웨딩앨범 제작

여행 관광 사업

사람들의 문화 수준이 높아지면서 여행이 일상이 된 지 오래다. 그러면서 각종 여행 상품이 쏟아져 나오고 있는데, 기존의 여행 상품과 차별화된 여행 상품을 기획하면 꾸준히 수요가 있을 것이다. 남들과 똑같은 여행 코스가 아닌 자신만의 독특한 추억 쌓기 등의 다양한 테마로 여행 상품을 개발할 수 있다.

- 개인적인 추억이 있는 장소를 여행 루트로 맞춤 개발

- 각국의 지도나 각종 여행 기념품 온·오프라인 판매

- 전국 에어비앤비 가이드

- 지방 도시의 특색 있는 관광기념품 개발 사업

- 미슐랭과 같은 한국 맛집 인증 사업

- 방학을 이용한 외국인 연수생 민박

- 위치정보 기반의 실시간 여행 정보(숙소, 식당, 렌트카 등) 서비스

반려동물&자연체험 사업

반려동물에 대한 수요가 늘어나면서 기존의 반려동물 관련 사업이 보다 세분화되어 나타날 전망이다. 최근 미국와 일본 등에서 이슈가 되고 있는 스타벅스의 강아지 전용 음료, 일명 '퍼푸치노'와 같이 반려동물을 위한 이색 상품들이 계속해서 등장할 것이다. 이밖에 집에서 직접 기를 수는 없지만 동물이나 식물의 생태를 체험하고 싶어 하는 사람들을 위한 시장도 점점 커질 것이다.

- 수제 반려동물 간식 판매

- 애견 족보 관리업

- 강아지 호텔

물러서지 않는 힘

- 곤충 농장
- 파충류, 작은 포유류, 각종 곤충류 등으로 만든 미니동물원

농업&임업 사업

농업이나 임업과 같이 사양 산업이라고 인식되던 분야가 오히려 유망 직종으로 뜨고 있다. 남들이 힘들다고 기피하는 일에서 더 많은 기회를 잡을 수 있다. 물론, 기존에 해오던 방식이 아닌 새로운 영역으로의 확장은 필수다.

- 추운 나라에서 건축용, 관상용 소나무 키우기
- 호주의 제스프리 같은 형태의 농업 조합
- 달로, 카사바 등 이색 작물 키우기

취미 관련 사업

요즘은 '오타쿠'를 뜻하는 '덕후'라는 말이 일상적으로 쓰일 만큼 취미생활에 집착에 가까울 정도로 투자를 하는 사람들이 많다. 그들을 위한 소비 시장이 점점 커지고 있다. 까다로운 '덕후'의 오감을 만족시킬 사업 아이템으로 승부해볼 만하다.

- 개인이나 스타의 사진을 이용한 굿즈(브로마이드, 엽서, 등신대, 앨범 등) 제작
- 한정판 의류(티셔츠나 청바지) 제작 판매
- 개인 인터넷 쇼핑몰 방송
- 수제 맞춤 운동화

애플리케이션 사업

앞서 '직방'처럼 스마트폰 앱을 이용한 사업 아이템에 대해서 설명했지만 이와 관련한 아이템은 사실 무궁무진하다. 최소한의 개발 비용으로 여러 가지 다양한 사업 아이템을 실험해볼 수 있다는 장점도 있다.

- 수화 통역앱
- 해외 취업 알선앱
- 장거리 카풀앱
- 실종자, 이산가족 찾기앱
- 보모 연결앱
- 해외 영업을 위한 그 나라 역사, 문화, 실시간 주요 뉴스 제공앱
- 기부나 소액 투자금 받는 앱

- 보낸 메시지 지울 수 있는 모바일 메신저앱

안전한 식품 사업

안전한 식품에 대한 사람들의 욕구는 갈수록 커지고 있다. 믿고 먹을 수 있는 식품을 공급하는 사업은 계속해서 수요가 있을 것이다.

- 재료 손질부터 직접 보여주는 수제 어묵
- 미나리, 미꾸라지 등을 직접 재배해 조리하는 친환경 식당
- 저알콜, 무알콜 주류 판매
- 건강식품의 제조 과정을 볼 수 있는 건강원
- 고급 라면 스프 제조

맞춤 서비스 사업

규격화된 서비스가 아니라 개인의 성향이나 상황에 딱 맞춘 맞춤 서비스 사업이 계속해서 영역을 확대해나가고 있다. 사소한 개인 사무 처리부터 까다로운 기업의 해외 채권 업무까지 다양한 서비스가 가능하다.

- 자동차 견적 서비스

- 내 자리 자동 주차 서비스
- 중소 수출업체 제품 검수 대행업
- 중소 수출업체 해외 채권 추심 대리업
- 중소 수출업체 해외 박람회 업무

한국 문화 수출 사업

한국이 처음 개발한 것은 아니지만 유독 한국에서 발달하는 것들이 있다. 일본식 가라오케를 한국식으로 바꾼 노래방이나 골프와 영상을 결합한 스크린 골프 등이 대표적이다. 이밖에 한국 고유의 기술이나 문화를 상품화하여 해외로 진출하는 시도가 국가적 차원에서도 이루어져야 할 것으로 보인다.

- 한국식 온돌 및 보일러 시공
- 스크린 골프 필드용, 실내연습실용, 개인용 등 다양한 형태로 개발 수출
- 해외 주유소에 자동세차기 수출
- 개성 있는 한국식 레스토랑 오픈
- 한류 관련 해외 공연 기획

대여 및 중고 관련 사업

과거에는 자동차 정도만을 렌트해서 쓰는 것으로 생각했지만, 요즘에는 자동차뿐만 아니라 집에서 쓰는 정수기, 비데, 침대 매트리스까지 렌트해서 사용한다. 비싸게 구입해서 오래 쓰는 것보다 그때그때 트렌드에 맞게 잠깐씩 빌려 쓰는 것이 점차 대세가 되어 가고 있다. 또한 유아용품처럼 사용시기가 짧은 성격의 물건은 중고 거래 사이트에서 저렴한 가격으로 구입해서 쓰고 다시 내다파는 알뜰족이 늘어나고 있다.

- 식당이나 사무실 물품 대여 사업
- 20만 원 이상의 고액 중고 물품 중계 및 위탁 판매업
- 구제 상품 해외 수출업

중국 관련 사업

앞서도 많이 강조했지만 중국과 직·간접적으로 연결된 사업 아이템이 여전히 많다.

- 수입차 중국산 부품 수입업
- 중국에서 반려동물 관련 사업(동물병원, 애견미용, 사료, 간식 사

업 등)

- 술 + 안주 자판기 사업

스마트 기기 관련 사업

스마트 기기의 발달은 우리의 생활 패턴까지 바꾸어놓고 있다. 과거에는 막연히 이런 게 있으면 좋겠다고 생각만 하던 것이 현실이 되어 나타나고 있다.

- 블랙박스와 스마트폰 연동 영상 저장 및 편집 기능 지원
- TV, PC 모니터, 스마트폰을 하나로 연결하는 원스톱 서비스

착한 소비 관련 사업

동네 상권을 살리기 위한 다양한 아이디어를 사업적으로 활용할 수 있다.

- 제휴 커피숍 어디서든 할인을 받을 수 있는 만능 텀블러
- 모든 점포에서 공용으로 사용할 수 있는 정액 상품권 발행

이제 당신 패를 보일 차례

최근에 몇 군데의 대학에서 특강을 했다. 강연 주제는 나의 첫 번째 책의 제목이기도 한 '생각뿐인 나를 넘어서라'이다. 그들에게 일방적으로 내 생각만을 들려주려고 그런 자리에 나간 것이 아니었다. 나는 청년들의 이야기가 듣고 싶었다. 그들이 요즘 하고 있는 고민은 무엇인지, 그 고민에 대한 해결책은 무엇인지 함께 이야기하고 싶었다.

그런데 강연 도중 내가 질문을 던지면 속 시원히 대답하는 친구들이 드물었다. 처음에는 내 이야기가 그들의 직접적인 관심사가 아니라서 그런가 싶었다. 아니면 내가 시시한 지방대 출신에 이름도 잘 알려지지 않은 중소기업 대표라고 무시해서 그런 것일 수도 있겠다는 생각을 했다. 하지만 이유는 다른 데 있다는 것을 알았다. 토론에 익숙하지가 않았던 것이다.

학창시절 내내 입시를 위한 경쟁에 시달리다가 대학에 들어와서는 스펙 쌓기에 여념이 없다 보니 문제를 풀어보라고 하면 잘 한다. 그런데 지금까지 배운 내용을 가지고 문제를 만들어보라고 하면 어려워서 쩔쩔 맨다.

어떤 사회적인 이슈에 대해서 이야기를 할 때 문제를 제기하고 주도적으로 토론을 이끌어갈 능력이 부족할 수밖에 없다. 이런 것은 어디 가서 배운다고 해결될 문제가 아니고 스스로 생각하는 힘을 키우는 데서 해결의 실마리를 찾아야 한다. 인터넷에 험한 말로 댓글이나 달며 노는 것이 결코 토론이 아닌 것이다.

내가 하는 말이 꼰대의 잔소리로만 들린다면 토론할 자세가 안 되어 있는 것이다. 귀 닫고, 잔소리니까 듣기 싫어, 라고 할 것이 아니라 '왜 저런 이야기를 하지?' '내게 어떤 도움이 되는 말일까?' '내가 취해야 할 것은 무엇일까?' 하고 먼저 귀 기울이고 의심도 하기 바란다. 그리고 마음에 들지 않거나 잘못되었다는 생각이 든다면 반박해주길 바란다.

취업에 대한 생각, 창업에 대한 생각, 행복과 성공의 기준에 대한 생각이 모두 다 다를 수 있다. 아니, 달라야 정상이다. 그러니까 함께 이야기하고 토론해서 각자에서 가장 좋은 방법과 결정을 도출해내야 한다. 나는 이 책을 읽고 많은 청년들이 의문과 반론을 제기하길 바란다. 바로 거기서부터 토론이 시작될 테니 말이다. 나는 언제든지 응대할 준비가 되어 있다.

　판은 이미 벌렸다. 나는 이미 내 패를 다 보였으니, 이번엔 여러분의 패를 보일 차례다.

2016년 봄

이성우